나는 다정함을 선택했습니다

나는 다정함을 선택했습니다

안젤라 센

영국 공인심리치료사

쌤앤파커스

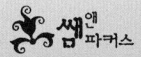

들어가는 글

다정함이
나를 나답게 만든다

내 뒤에서 걷지 말라. 나는 그대를 이끌고 싶지 않다.
내 앞에서 걷지 말라. 나는 그대를 따르고 싶지 않다.
다만 내 옆에서 걸으라. 우리가 하나가 될 수 있도록.
_ 유트족 원주민의 금언

첫 책《나를 지키는 관계가 먼저입니다》를 펴낸 이후 여전히 속 시원히 풀리지 않은 질문으로부터 이 책은 시작되었다.
'분노와 혐오의 시대에 우리는 무엇에 기댈 것인가?'
'불신과 불안에 흔들리는 순간에도 휘둘리지 않으려면 어떻게 소통할 것인가?'

'그럼에도 불구하고 관계를 지킨다는 것은 가능한 것인가?' 이 질문에 대한 나의 해답은 그래도 다정함이었다.

심리치료사로서 나의 역할은 다정함이 선한 가치이기 때문이라는 윤리적 당위성을 주장하는 것이 아니라, 왜 우리에게 다정함이 이로운지 합리적으로 설명하고 구체적인 실천 방법을 제시하는 것이다. 그러나 무엇보다 다정함이 해답이 되는 이유는 실제로 다정함이 나 자신을 과거의 고통에서 구해주었고 상처받은 마음을 치유해주었기 때문이었다. 그래서 치료사이기 이전에 한 개인으로서 나는 다정함을 선택했다.

넉넉지 못한 형편에 무리하게 시작했던 20대의 유학 생활은 무척 힘들었다. 일단 배가 고팠다. 점심때는 샌드위치 사먹을 2파운드가 없어 친구들에겐 배고프지 않다고 둘러대고 혼자 도서관에서 시간을 보냈고, 집세를 벌기 위해 매일 학교를 마치고 밤늦게까지 일을 했기에 몸도 마음도 시들어 갔다. 미래가 불확실한 상황에서 그저 최선을 다해야만 했던 때, 지금의 노력이 어떤 방식으로든 돌아올 거라고 격려를 아끼지 않았던 동기들과 교수님이 있었기 때문에 그나마 고된 시간도 지나올 수 있었던 게 아닐까? 졸업도 하기 전에 첫 직장을 다니며, 가진 것 없는 청춘이었지만 씩씩하고 당당하게 살 수 있었던 것 역시 결국 다정한 이들이 있었기 때문이었다. 막상 부모님 없이 홀로 맞은 졸업식은 사진 한 장 없이 달랑 졸업장 하나와 흐릿해진 기억으로만 남았다.

이민 1세대의 사회 초년생에게 박봉의 의미란 한 지붕 아래에서 완벽한 타인들을 한시도 피할 틈 없는 허름한 방 한 칸을 말하는 것이고, 한 짐밖에 안 되는 소박한 세간살이로 언제든 떠날 준비가 되어 있는 삶을 말하는 것이었다. 그러나 눈을 감으면 엄마가 있고, 할머니와 함께했던 강원도 풍경이 있고, 친구가 오면 정성껏 내어줄 따뜻한 밥상이 있어 견딜 수 있었다. 나 자신에 대한 존중과 소소한 다정함 또한 잊지 않았다. 가진 것 없는 젊은 날이라도 정직한 노동과 완전한 자립을 의미했기에 절망하지 않았고, 불편할 뿐 초라하거나 거리낄 것이 없었다. 늘 옷은 틈새 없이 다려 입고 머리 한 번 더 만지며 다녔다. 주변을 꼼꼼하게 정리하고 밥도 꼭꼭 씹어 먹었다. 그때의 힘든 시간을 견디게 해준 것은 다정함이었다. 다른 사람들이 나에게 준 다정함과 내가 그들에게 건넨 다정함, 그리고 내가 스스로에게 준 다정함까지. 나를 가장 나답게 만들어준 것은 다정함이었다.

반복되는 일상을 빛나게 해주었던 것도 다정함이었다. 지난해 한국을 방문했을 때 마침 숙소와 가까워 자주 가게 된 연남동의 카페가 있었다. 퉁명한 듯 쑥스러운 듯 그다지 말이 없던 직원은 나를 두어 번 본 이후로 우유와 설탕 없이는 커피를 마시지 않는 나의 소박한 취향을 위해서 메뉴에도 없는 카푸치노 주문을 받아주고, 내가 말하지 않아도 각설탕 두 개를 꼭 맞게 내어주었다. 단골 세탁소와 구두 수선집, 밥집과 카페처럼, 자주 본다는 것은 이렇게 다정한 것이다. 혼자 시간을 보낼 때도 외롭지 않고 누군가의 품에 있는 것처럼 편안한 것은 골목마다 기다리고 있던 다정함 때문일 것이다.

언젠가 "영국이 좋죠?" 하는 질문에 이렇게 대답한 적이 있다. 한국은 엄마 같고 영국은 남편 같다고. 엄마 같다는 것은 상처도 있고 미운 기억도 있지만 사랑하는 마음과 안타까운 마음이 더 크고, 같이 있으면 귀찮다가도 조금만 멀어지면 그리운 것. 좀 까다롭게 굴어도 그러려니, 말없이 챙겨주는 카푸치노의 각설탕 같은 것. 그런 것이 그리워 다시 찾아오는 것 아닐까? 몇 년 전, 엄마가 돌아가시면서 돌아갈 곳도 잃은 듯 미아 상태였던 내 마음이 작은 친절 하나로 위로받는 듯했다.

다치고 아물고 또 다치면서 여기까지 왔지만, 그럼에도 나는 다정함의 힘을 믿는다. 그래도 나를 지켜준 것은 결국 다정함이었기 때문이다. 적당히 괜찮고 적당히 모자란 나를 믿고 지지해주는 사람들 덕분에 나 자신을 포기하고 싶었던 순간에도 살아남았다. 그러한 다정함이 있었기에 단단해질 수 있었고 단단해졌기 때문에 다정할 수 있었다.

　이번 책에서는 이러한 개인적 경험을 독자 여러분과 나누기로 마음먹었다. 특히 그동안 묻어두었던 부끄럽고 아픈 상처를 들추어내기로 했다. 다른 사람의 이야기를 더 들어주고 나 자신의 이야기를 잘 하지 않는 심리치료사라는 직업적 특성상 많이 고민하고 망설이기도 했다. 이는 심리치료사 사이에서 무언의 불문율이기도 한데, 심리치료가 내담자 중심이기 때문이고 치유 과정에 걸림돌이 될 만한 선입견이나 부정적 전이(transference)를 최소화하기 위해서이기도 하다. 그러나 치료사도 한 인간일 뿐이고 어떤 방식으로든 평가나 판단의 대상이 될 수 있기 때문에, 치료사가 완전한 백지상태(tabula rasa)로 소통한다는 것은 일종의 환상에 불과하다. 상담실 안에서 맺는 치료 관계 또한 역동적으로 움직이는 관계일 수밖에 없다. 때문에 우리는 오랜 경험과 지식으로 얻은 직관적 판단을 통해, 내담자에게 도움이 될 만한 개인적 경험이라면 도움이 될 만큼 공유하기도 한다. 그렇다면 독자에게 위로가 되기 위해 잠시의 부끄러움을 감수하는 것 외에 이를 나누지 못할 이유가 있을까?

　나는 오랜 시간 고통을 겪었지만 여러분은 덜 아프고 짧게 지나가기를 바라는 마음에서 먼지가 수북이 쌓여있던 상처를 드러내기로 했다. 그런데 지난 일을 반추하고 문자로 풀어내는 과정에서 예상외로 치유받는 느낌도 들었다. 생각해 보니 사람들은 비용을 지불하면서까지 누군가가 자신의 이야기를 들어주길 바라는데, 나는 책을 쓰면서 내 이야기를 할 수 있으니 이 또한 얼마나 행운인가?

스스로 던진 질문 외에도 그간 독자들로부터 많은 질문을 받았다.

"책을 읽고 연습도 했는데도 막상 당황하면 말문이 막혀요."

"저를 힘들게 하는 배우자를/자녀를/부모를 바꾸고 싶은데 어떻게 해야 하나요?"

"책에 나온 대로 대화하려 했는데도 상대방이 계속 공격적으로 나오면 어떡하죠?"

"결국 나 혼자만 참고 노력하는 것 같아 억울해요."

"한국에서는 갑을 관계에서 을이 목소리를 내는 게 쉽지 않아요. 그럴 땐 어쩌죠?"

"사회구조적인 문제도 있는데 개인에게 극복하고 노력하라며 떠넘기는 건 아닌가요?"

첫 책을 쓸 때도 최대한 많은 것을 알려주고 싶었지만 한 권의 책에 모두 담을 수 없어 아쉬움이 남았는데, 이러한 지점을 예리하게 짚어주는 질문들이었다. 이번에는 그동안 많은 관심을 보여준 독자 여러분의 질문에도 화답하는 마음으로 집필했다. 비록 멀리 떨어져 있지만, 이 책을 통해 독자의 마음에 닿아 공명할 수 있다면 이 또한 놀랍고 감사한 일이다.

책을 쓴다는 것은 내가 하고 싶은 말만 하는 것이 아니라 읽는 사람이 마치 자신의 이야기인 것처럼 느낄 수 있도록 연관성(relevance)을 찾아내는 것이 중요하다고 생각한다. 연관성이 있어야 독자의 마음에 닿을 수 있고 '우리'로 연결되어 함께 갈 수 있다. 그렇다고 상대가 듣고 싶은 말만 해주다 보면 진정성을 잃게 된다. 마음 깊이 우러나오는 진실을 정성껏 걸러서 이야기할 때 비로소 울림을 줄 수 있다. 연관성이 없으면 닿을 수 없고, 진정성이 없으면 오래갈 수 없다. 나는 여러분과 함께 오래가고 싶다.

영국 런던에서 다정함을 가득 담아,
안젤라 센

차례

들어가는 글 | 다정함이 나를 나답게 만든다 … 5

1장 다정함을 선택한다는 것

당신의 상처가 나을 때까지 … 17
손절 리스트가 정답은 아니다 … 24
그럼에도 우리는 함께여야 한다 … 31
상처가 반복되는 이유 … 41
과거는 사라지지 않지만 상처는 치유된다 … 50
무엇을 생각하면 견딜 수 있나 … 67

2장 다정함은 약하지 않다

완벽하게 무해한 사람은 없다 … 79
나를 온전히 이해해주는 사람 … 86
친구가 되는 데 걸리는 시간 … 98
다정한 말하기의 힘 … 110
가까울수록 적정거리가 필요하다 … 119
나의 다정함을 이용하는 사람들에게 … 130
다정함과 단호함 사이 … 140

3장 결국 다정함이 남는다

날뛰는 감정의 고삐 붙잡기	⋯ 147
멈추기, 반응의 가속도를 막는 법	⋯ 154
알아채기, 멈추면 비로소 보이는 것들	⋯ 162
몸, 감정, 생각의 시그널	⋯ 167
대응하기, 통제가 아닌 조절	⋯ 174
나에게도 다정해야 이어진다	⋯ 184

4장 갈등 속에서도 다정함을 잃지 않는 법

거절에도 방법이 있다	⋯ 199
관계에도 갑과 을이 존재한다	⋯ 206
내용은 단호하게, 태도는 다정하게	⋯ 218
무례한 비난에 우아하게 대처하기	⋯ 230
때론 나도 불만을 이야기하고 싶다	⋯ 239
우리는 왜 자꾸 편을 가르려고 할까	⋯ 246
가까워지기, 유지하기, 멀어지기	⋯ 257
모든 관계를 지켜야 하는 건 아니다	⋯ 269

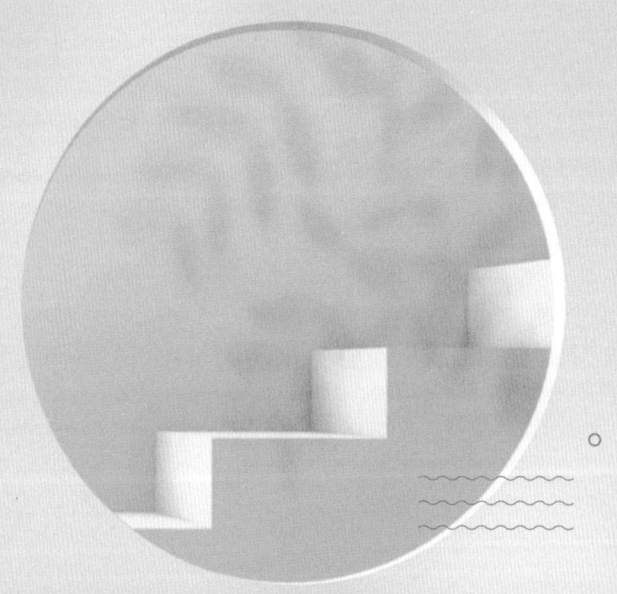

1장

다정함을 선택한다는 것

당신의 상처가
나을 때까지

비자나무는 조직이 치밀하고 결이 고운 데다 단단하면서도 유연한 성질로 최상급의 바둑판을 만드는 귀한 목재다. 비자나무로 만든 바둑판을 비자반(榧子盤)이라고 하는데, 그 색과 향이 즐거울 뿐 아니라 바둑돌을 올릴 때 부드러운 감촉과 더불어 은은한 종소리가 난다고 하여 애호가의 오감을 만족시킨다. 이러한 비자반은 어떠한 흠결도 없이 완벽해야 귀하게 여겨질 것 같지만, 어쩐 일인지 머리카락 같은 가느다란 흉터가 남아있는 것이야말로 일등품을 초월한 특급품으로 꼽힌다.

사실 비자반의 상처는 예기치 않은 사고로 인한 것이다. 상판에 균열이 난 것을 버리지 않고 잘 간수하면 바둑판이 제힘으로 상처를 고쳐 다시 붙는데, 이때 균열이 생겼던 자리에 실금 같은 희미한 흔적이 남는다. 김소운은 수필 〈특급품〉에서 예상치 못한 일로 치명적인 상처를 입을지라도 특유의 유연함으로 극복하는 비자반을 통해 인간의 태생적 불완전성과 더불어 이를 이겨내며 성숙해지는 회복탄력성을 일깨운다.

누구나 흔들릴 때가 있고 실수도 한다. 상처를 받고 흠집도 난다. 그러나 다시 일어나 이 모든 것을 끌어안고 뚜벅뚜벅 걸어가는 회복탄력성 덕분에 우리의 삶은 각자 유일한 서사가 되어 특급품으로 거듭난다.

> 상처가 있어 값이 내리는 게 아니라
> 되레 비싸지는 데 진진한 묘미가 있다.
> _ 김소운, 〈특급품〉

불확실하고 불가피하며 불가역적인 것으로 가득한 세상에서 크고 작은 시련은 언제든 닥칠 수 있다. 문제는 시련 자체보다 이에 반응하는 방식이다. 어려움이 있더라도 수습하는 과정에서 상처는 아물기도 하지만 도리어 깊어질 수도 있기 때문이다. 그렇다면 사람으로 인한 마음의 상처가 아물기 위해서는 어떻게 해야 할까? 반복되는 실망과 아픔에도 불구하고, 인류애와 희망을 부여잡고 살아가기 위해서는 어떻게 해야 하는가?

　여기서 우리에게 가장 먼저 필요한 것은 기다림이다. 정말 도움이 필요하다면 언제든 달려갈 준비를 한 상태에서 스스로 일어날 때까지 다정한 마음으로 믿고 기다려주는 것. 심리치료에서는 이를 '지켜보는 기다림(watchful waiting)'이라고 한다. 과연 우리는 상처받은 마음을 기다려준 적이 있는가?

아픈 시간이 지나면

불과 몇 년 전의 일이다. 친정 엄마를 잃고 장례를 치르기 위해 성당을 찾았다. 길게 열을 맞춘 신자석에 앉아 내내 울다 가까스로 눈을 떴는데 탁자 위에 붙은 글귀가 마음을 파고들었다.

　"사랑은 기다립니다."

　이전에는 전혀 생각하지 못했던 사랑의 새로운 방식을 발견하고 나는 충격을 받았다. 그렇다. 정말 사랑한다면 기다리는 것이다. 회복은 더딘 과정이니 안타까운 마음이 들더라도 닦달하지 않고 기다려주는 것이다. 그렇다면 나와 엄마는 서로를 기다려준 적이 있었는가? 나는 내 아이를 기다려주었는가? 나 자신을 기다려주었는가? 나는 통곡하며 아니라고 고백할 수밖에 없었다. 우리는 사랑을 빙자하여 자신의 감정에만 충실했던 것이 아닐까.

비자반에 난 세밀한 균열은 부드러운 천으로 보듬어 티끌이 들어오지 않도록 잘 감싼 후 기다려주면 새살이 돋아 사라진다. 1년, 길게는 3년이 지나도록 간수하기도 한다. 하지만 우리 마음에 난 상처에는 단 한철을 기다려주지 못한다. 최상품이 되기 위해 바늘구멍같이 좁은 기준에 자신을 구겨넣다가 조금이라도 긁혔다 싶으면 한 치의 너그러움 없이 땔감으로 던져버리기 십상이다.

어린 시절, 나는 그림을 그리다가 조금이라도 마음에 들지 않으면 종이를 구겨버리고 새로 시작하곤 했다. 연필도 손에 힘을 꼭 쥐어 야무지게 잡는 데다 크레파스로 그림을 그릴 때도 빈틈없이 꼼꼼하게 색칠하느라 손가락에 굳은살이 자주 박였다. 무엇이든 완벽해야 한다는 고집이 있었다.

하지만 맘대로 되지 않는 불완전한 인생은 꼭 결정적일 때 다리를 걸어 넘어뜨린다. 하필이면 제일 예민할 중2 때, 또 하필이면 가장 중요한 고3 때 말이다. 비장한 마음으로 이상적인 우정을 갈망하던 사춘기 소녀 시절, 단짝 친구의 거짓말로 학교폭력을 당했다. 너무나 큰 충격이었다. 이제 내 삶은 실패했다고 여기며 나 자신을 완전히 포기했다. 그 후 세상과 사람들에 대한 두려움과 절망감에 오랜 기간을 무기력하게 보냈다.

중학교를 졸업하고 고등학교에 입학한 뒤 조금씩 회복하나 싶었는데, 한창 대입을 준비해야 하는 고3 때는 건강 문제로 그 시기를 통째로 잃어버렸다. 역시 나는 안 된다는 생각이 들었다. 그대로 무너져 더 이상 아무것도 할 수 없다고 느꼈다. 어린 시절 그림을 망치면 구겨버리고 새로 시작했던 것처럼, 아무 일도 없었던 것처럼 반듯한 새 종이에 다시 시작할 수 있다면 얼마나 좋을까. 하지만 구겨진 젊음은 그 후로도 몇 년이나 방치되었다. 나만 빼고 다들 행복한 것만 같았다. 이제 나는 알고 있다. 겉으로 보기에 아무리 강한 모습이라도, 아무렇지도 않은 듯 괜찮은 척해도, 누구나 마음 한편에는 외롭고 슬프고 두렵고 아플 때가 있다는 것을.

나는 300여 개의 언어가 통용되는 국제도시 런던의 상담실에서 전 세계 50여 개국의 내담자들을 만난다. 매년 180만 명이 찾는 공공심리치료 기관은 누구에게나 열려있고 무상으로 진료하는 만큼 정말 다양한 사람들이 이곳을 찾는다. 목숨을 걸고 영국 땅을 밟은 난민부터 내일 당장 잘 곳을 걱정해야 하는 사람, 진로가 불안한 대학생과 오늘도 퇴사를 고민하는 직장인, 누구나 부러워할 만한 부자나 귀족 집안의 자제에 이르기까지……. 남녀노소 상관없이 다채로운 사람들을 만나고 그들의 고충을 들어주고 이야기를 나누고 위로하면서 자연스럽게 깨달았다. 국적과 지위를 막론하고 사람들은 모두 나름의 무게만큼 고통의 짐을 지며 살아가고 있구나. 인간이라면 정도의 차이는 있지만 누구나 힘든 시절을 겪게 마련이구나. 이러한 인간적 숙명은 전문가도 예외가 될 수 없어서, 영국 임상심리학자의 절반 정도가 우울증을 앓고 있다는 통계가 있을 정도다. 결국 나만 아팠던 것이 아니었다.

당신의 삶은 특급품이다

누구나 말하기 어려운 고민과 상처를 품고 한 배를 타고 있다는 생각에 이르자 곧 연민이 싹트기 시작했다. 대단해 보이는 사람 앞에서 고개를 숙이지 않아도 되고, 어려운 사람 앞에서 고개를 치켜들지 않아도 되는 것이었다. 나를 아프게 한 사람들에게 보란 듯이 잘살 필요도 없고, 그저 나 자신이 보기에 흡족하고 감사하며 오늘 하루가 좀 더 편안해지면 되는 것이었다. 식상할 수도 있지만, 이러한 면면을 직접 목격하는 것이야말로 심리치료사라는 직업의 특별함이 아닐까.

20대, 30대 청춘들이 '현생은 폭망'이라는 한탄을 할 때마다 나의 구겨진 젊음을 떠올리며, 혹여나 아직 여백이 많이 남은 삶을 내던져버리진 않을까 안타까운 마음이 든다. 부디 지금 알고 있는 이 삶이 전부가 아니라는 것을, 다른 방식으로 살아도 된다는 것을, 비록 '다 잘될 거야'라는 식의 낙관은 아니더라도 어떻게든 살아갈 방법은 있게 마련이라는 것을, 많은 사람들이 함께 아파하고 응원하고 있다는 것을 알 수 있는 그날이 오기를 바란다. 그리고 용기와 희망이 다시 돋아날 때까지 단 한 철이라도 기도하는 마음으로 자기 자신을 기다려주기를 간절히 바란다. 희망의 배신에 절망하더라도 내일은 더 나아질 거라는 믿음조차 없다면 어떻게 오늘을 살아가겠는가.

상처받은 모든 이들에게 말해주고 싶다. 다시 돌아올 수 있다면 잠시 방황해도 된다고, 누구나 도망가고 싶을 때가 있으므로 소풍 잘 다녀오라고. 다만 자기 자신에게 시간을 주고 기다려주라고.

절대 버리지 마라.

당신의 삶은 특급품이다.

손절 리스트가
정답은 아니다

직장에서 유난히 힘들었던 날, 집에 돌아와 침대에 쓰러지듯 누워 핸드폰을 꺼내든다. 자신을 들들 볶는 상사와 은근히 무시하는 동료를 떠올리며 무례한 사람들에게 되받아치는 법을 열심히 검색한다. 문득, 그들이 나를 만만하게 대하는 이유는 내 탓이 아닐까 하는 의구심이 들면서 인터넷을 뒤져 각종 자가진단을 해본다. 처음에는 내게 무슨 문제라도 있는 건 아닌지 체크하기 위해 시작한 것이 곧 자기공격이 되면서 자신이 한심하게 느껴진다. '자존감이 낮은 사람들의 특징'을 찾아보니 꼭 내 모습인 것 같다.

마침내 이 모든 것은 자존감이 낮은 자기 탓이라는 생각에 좌절하고, 나를 이렇게 키운 부모까지 미워질 지경이다. 이미 굳어진 성격 때문에 이번 생은 망했다는 절망감으로 바닥을 치다가 이내 분노가 치민다. 명치가 타들어가는 것 같다. 나를 이렇게 만든 건 내 잘못이 아니라 그들의 잘못이라고 외치고 싶다. 같은 상처를 반복하지 않으려면 적어도 자신의 자존감을 훔쳐가는 '자존감 도둑'들을 멀리해야 할 것 같다. 누구를 끊어내야 내 인생이 편안해질까? 마치 살생부를 들여다보듯 '손절' 리스트를 꼼꼼히 체크한다. 급기야 엮이면 무조건 망하니 냅다 도망가야 한다는 사이코패스나 소시오패스, 나르시시스트를 구별하는 법까지 반복해서 되새긴다.

    그렇게 관계에 지친 나머지 하나둘 손절하고 피하다 보니 이제 혼자 남았다. 상처받느니 혼자가 만사 편하다고 외쳐보지만 실은 외로움 또한 이에 만만치 않게 심하다. 그렇지만 친구가 없다는 것은 약점이 될 것 같고 수치스러워서 외로움을 인정하거나 터놓고 말할 수 없다. 이내 머리 좋고 자존감 높은 사람은 혼자서도 잘 지낸다는 콘텐츠를 보며 안도의 한숨을 내쉰다. 이런 장면, 혹시 익숙하진 않은가?

수많은 체크리스트의 결말은 '혼자'

알고리즘이 추천하는 심리학 관련 유튜브 콘텐츠를 관찰하면 꽤 흥미로운 점을 발견할 수 있다. 분명 다수를 대상으로 제작한 영상인데 마치 하나의 인격체인 것처럼 개인의 의식 흐름을 따라간다. 특별히 조심해야 할 사람 유형, 손절 리스트, 무조건 피해야 할 사람의 특징, 사이코패스와 나르시시스트 구별법……. 이런 종류의 콘텐츠는 여기저기 넘쳐나지만, 나는 이를 경계하는 편이다. 섣부른 자가 진단이 유익하기보다 오히려 유해한 경우가 많기 때문이다.

손절 리스트같이 이런저런 사람들을 조심하라는 메시지를 반복적으로 접하는 것은 그 자체로 우리의 생각, 감정, 행동에 부정적인 연쇄 반응을 초래할 수 있다. 이를테면 상대가 위험한 유형이 아닐까 나도 모르게 촉을 세우게 되는데, 이를 초경계 상태(hypervigilence)라고 한다. 초경계 상태에서는 상대의 사소한 행동조차 한 번 더 곱씹게 마련이다. 조금이라도 미심쩍고 불확실한 경우, 상대의 사소한 실수와 오해, 그리고 긍정적이지도 부정적이지도 않은 중립적 상황마저 모두 경계하고 과도하게 해석할 여지가 있다. 결국 이불 밖 세상은 위험 천지이기 때문에 늘 조심해야 한다는 메시지를 나도 모르게 반복해서 주입하게 된다. 누가 해코지라도 하지 않을까 촉을 세우고 있으면 정신적 에너지가 크게 소모될 수밖에 없어 인간관계는 피곤해지고 새로운 사람을 만나기도 귀찮아진다. 우연히 벌어질 수 있는 상황에도 '어쩐지, 내 촉이 맞았어' 하며 마음의 문을 더욱 굳게 닫고 만다.

　각자 살아온 경험에 따라 걸러야 할 체크리스트도 다양하다. 카톡 답장을 늦게 하거나 읽고 답하지 않는 사람, 약속 시간에 자주 늦는 사람, 자꾸 말을 끊는 사람, 필요할 때만 연락하는 사람, 뒤에서 험담하는 사람 등……. 이른바 '쌔한' 느낌을 주는 시그널을 영어식 표현으로는 레드 플래그(red flag)라고 하는데 경고등 내지 빨간불이 들어왔다는 의미로 해석하면 된다. 그렇다면 빨간불이 들어올 때마다 관계를 쳐내면 문제가 간단하게 해결될까?

　영국의 코미디언 노엘 필딩(Noel Fielding)의 인터뷰가 생각난다. 영국에는 뿌리 깊은 멤버십 클럽 문화가 있는데, 이는 지인의 추천과 '신분 확인'을 거친 후 소위 VIP 리스트에 해당되는 소수의 사람들끼리 '그들만의 세상'에서 어울리는 것이다. 그런데 이 안에서마저 또 한 번 선택받은 VVIP만 들어가는 방이 따로 있다. 라운지 구석의 작은 문을 통과하면 서재가 나오고 또 서재의 책장을 밀면 숨은 방이 나오는 식이다. 이렇게 몇

명을 다시 떨구고 솎아내는 과정이 이어지면, 그 끝에는 누가 남을까? 노엘 필딩은 결국 나 혼자 남는다고 답한다.

　나와 똑같은 사람이 있다면 이심전심이니 그 사람과는 잘 어울릴 수 있지 않을까? 글쎄, 좋을 땐 좋아도 인정하기 싫은 자신의 미운 모습까지 지켜봐야 한다면 세상 누구보다 그 사람을 증오하게 될지도 모른다. 어떤 경우에도 빨간불이 들어오지 않는 완벽한 사람은 어떨까? 아마 많은 경우에 인간미가 없다며 어려워하거나 저의가 있어 접근한 사기꾼이 아닐까 의심스러워할 것이다.

불신과 외로움의 시대

그렇다면 이러한 콘텐츠가 범람하는 세태와 이를 소비하는 우리의 모습이 말해주는 것은 과연 무엇일까? 그만큼 우리는 상처받았고 기댈 곳이 필요하다는 뜻 아닐까? 그러나 관계에 대한 피로감과 불안감 또한 높아져 선뜻 연결되기 힘들다는 의미일 것이다.

　하버드대학교 케네디스쿨 명예교수인 로버트 퍼트넘(Robert Putnam)의 《나홀로 볼링》이라는 책은 '신뢰'라는 사회적 자본이 흔들리면서 사회 참여와 상호 작용이 현저하게 감소한 미국 사회에서 고립되고 파편화된 개인을 홀로 볼링을 치는 모습으로 그렸다. 볼링은 단체 게임인데 말이다. 최근 한국을 방문하면서 내심 놀랐던 것은 20년 전 내가 대학 생활을 할 당시와는 비교할 수 없을 만큼 식당에서 혼자 식사하는 사람들이 늘었다는 것이다. 그때만 해도 술에 취해야 친해진다며 선배가 강요하는 술잔을 거부하면 타박을 받고, 점심시간에 혼자 고기를 구우러 가면 얼굴이 두껍다거나 특이하다는 시선을 받았을 텐데 말이다. 이에 발맞추어 예전 같으면 2인 이상 아니면 먹을 수 없었던 혼밥 메뉴도 많아졌다.

> 믿음은 산산이 조각난 세상을 빛으로 나오게 하는 힘이다.
> _ 헬렌 켈러

헬렌 켈러는 믿음을 이야기했지만, 오늘날 우리 사회에서 믿음을 이야기하기란 쉽지 않다. 누구도 섣불리 믿을 수 없는 불신 사회에서 어디에도 속하지 못하고 연결되지 못하는 원자화된 개인주의의 도래와 고립은 이미 익숙한 풍경이다.

'함께', '다 같이'를 외치며 공동체의 결속을 다지고, 그 안에서 보호받는 소속감과 서로 연결되어 있다는 유대감을 느끼는 것은 개인과 사회의 안정과 건강에 매우 중요하다. 하지만 그간 한국 사회에서는 이러한 미명 아래 너무도 많은 개인이 자신의 가치와 자율성을 억압당했던 것은 아닐까? 마치 VVIP룸의 거울을 벗 삼아 홀로 눈물을 삭히는 한이 있더라도 이제 내 인생은 내가 알아서 살 테니 건드리지 말라는 단호한 선언처럼, 혼밥 고기집의 간판이 어두운 길목에 덩그러니 켜져있다. 로버트 퍼트넘이 오늘날 한국 사회에 만연한 소통 문제와 외로움에 대한 책을 쓴다면 아마 그 제목이 '나 혼자 산다' 혹은 '혼술, 혼밥' 정도가 되지 않을까.

그럼에도 우리는
함께여야 한다

미국의 ADX플로렌스 교도소는 일명 '깨끗한 지옥'이라고 불린다. 모두 독방으로 되어 있고 절대 탈옥이 불가능할 정도로 최고의 보안시설을 갖춘 이곳은 테러 조직이나 갱단 두목, 사이비 교주, 연쇄 살인범, 아동 성범죄자와 같은 수감자를 사회와 철저히 격리하는 곳이다. 대개 현대적 교정시설은 격리와 징벌뿐만 아니라 교정을 목적으로 한다. 그러나 이곳은 교정 가능성이 없다고 판단한 극도의 반사회적 인물들을 격리하고 징벌하는 목적으로만 운영되기 때문에 재사회화 교육이나 노역이 전혀 없다.

언뜻 보면 위생적이고 안락해 보이기까지 하는 이곳은 인간에게 가할 수 있는 최대한의 고통을 주기 위해 설계되어 있다. 바로 타인과의 접촉을 철저하게 차단하는 것이다. 한번 들어가면 죽어서야 나갈 수 있는 이곳은 교도소 밖은 물론 다른 재소자와도 전혀 접촉할 수 없고 교도관도 일절 말을 걸지 않는다. 물리적인 사형 집행만 없을 뿐, 타인과의 소통이나 교감을 완벽하게 차단하는 사회적 사형 집행을 통해 수감자는 정신적 굶주림과 붕괴 상태에 이르게 된다.

극단적으로 반사회적인 이들은 세상과 타인을 그토록 증오하면서도 혼자 있는 것은 왜 견디지 못할까? 그들도 결국 인간이기 때문일 것이다. 나쁜 관심이라도 관심이기 때문에 받고 싶고 불편한 감정이 있다면 소통하기보다 괴롭히며 푸는 게 익숙한 이들은 오히려 더욱 관계 의존적이라고 할 수 있다. 다만 긍정적인 방식으로 주고받는 관계를 맺고 유지하는 방법을 모를 뿐이다. 방법의 옳고 그름을 떠나, 인간은 이렇게라도 엮이고 부대끼지 않으면 시들어버린다. 출퇴근길에 수많은 사람들에 둘러싸이고 소셜 미디어에서 몇 천 명의 친구가 있어도 교감하지 않는다면, 우리가 사는 일상이 깨끗한 지옥과 무엇이 다른 것일까?

이불 밖은 위험해

혼자서는 살 수 없다고 해서 대문을 활짝 열어놓고 살 수도 없지 않은가? 우리가 받는 상처의 대부분은 몇몇 소수에 의한 경우가 많기 때문에 정말 조심해야 할 상황도 있다는 건 충분히 일리 있는 말이다.

성격은 입체적인 복합 구조물과 같아서 누구나 어느 정도의 결함을 갖게 마련이다. 다만 성격이라는 구조물 전체가 흔들릴 만큼 뼈대 자체의 구조적 문제로 인해 수리나 보수가 어렵고 타인과 자기 자신에게 상당한 해를 끼칠 정도라면 조심스럽게 '인격장애'를 의심해볼 수 있다. 해석의 분분함과 논란의 여지가 있으나, 전문가들은 대략 인구의 4~8퍼센트 정도가 인격장애일 것으로 추정한다.

흥미로운 점은 CEO나 고위정치인 등 강력한 권력을 가진 사람 중에 인격장애의 비율이 높아진다는 것이다. 타인에 대한 공감 능력이 떨어지기 때문에 웬만한 일에는 눈 하나 깜빡하지 않아서 그 위치에 올라갈 수 있었을까? 역으로 자리가 사람을 만든다는 말처럼 원래는 그렇지 않던 사람이 그 자리에 올라가면서 권력을 과시하고 제멋대로 휘둘러도 처벌받거나 제어하는 시스템이 없기 때문에 변해버린 것일까? 어느 한쪽이 맞는지, 혹은 둘 다 해당되는 것인지, 그 상관관계를 명확히 알 수는 없지만 연구 결과는 그러하다.

슈퍼카를 타는 사람 중에 교통위반 건수가 비교적 높다는 연구도 비슷한 맥락으로 이해할 수 있다. '나는 이 정도는 무시해도 괜찮을 만큼 힘이 있으니까', '나는 특별하니까'라는 특권의식이 뒷받침된 것일까? 흥미롭게도 소득이 높은 국가에서 인격장애의 비율이 비교적 높다는 연구 결과도 있다.

문제는 우리가 만나는 사람 열 명 중에 아홉 명이 주는 상처의 총량과 임팩트가 1인 반면, 나머지 한 사람의 위험인물이 가하는 상처는 9가 될 수 있다는 점이다. 단 한 명이 주는 치명적인 상처로 인해 우리는 세상이 위험인물로 가득 차 있다는 두려움 속에서 언제 지뢰를 밟을지 몰라 안절부절못하게 된다. 여기서 또 다른 문제가 생긴다. 그 '위험인물'이 멀리 있거나 나와 상관없는 사람들이 아니라 내 삶을 결정할 수 있는 위치에 있다면, 가령 내 상사나 교수, 고용주라면, 혹은 가족이나 내가 의지할 수밖에 없는 가까운 사람이라면 그 한 명이 끼치는 영향은 내 삶의 전부가 될 수 있다. 그렇다면 상처받고 두려운 마음은 무엇에 기댈 것인가.

다정함은 선택이다

체로키 원주민들 사이에 다음과 같은 이야기가 전해진다.

> 할아버지가 손자에게 묻는다.
> "우리의 마음속에서는 두 마리의 늑대가 항상 싸우고 있단다. 검은 늑대는 분노, 질투, 슬픔, 후회, 욕심, 오만, 이기심, 죄책감, 억울함, 열등감, 우월감이란다. 하얀 늑대는 기쁨, 평화, 평온, 희망, 겸손, 동정심, 친절, 자비, 공감, 너그러움, 진정성, 연민이지. 자, 과연 누가 이길 것 같니?"
> 아이가 모르겠다고 대답하자 할아버지가 말한다.
> "네가 먹이를 주는 쪽이란다."

오랜 지혜가 담긴 이 이야기가 전하고자 하는 메시지는 무엇일까? 나는 할아버지가 아이에게 '선택'의 힘에 대해 알려준다고 생각한다. 사람은 절대 변하지 않는다는 말도 있지만, 그래도 나는 대부분의 사람들에게 변화의 여지가 있다는 희망을 가진 편이다. "선생님은 험한 꼴을 당해보지 않으셔서 그런 게 아닐까요?" 이렇게 묻는다면, 글쎄, 그렇진 않다. 여러분에게 위로가 된다면 감추고 싶고 후회막심인 나의 흑역사 또한 솔직하게 공개할 수 있다. 다만 나의 희망과 믿음은 나름대로 합당한 근거에서 비롯된 선택에 가깝다. 내 맘대로 되지 않는 현실 속에서도 어떤 관점과 태도로 무엇을 믿고 살아갈지는 내가 선택할 수 있다고 믿기에, 나는 변화에 대한 희망과 믿음을 기꺼이 선택한 것이다. 감수성 한 톨 덧붙이지 않고 아주 세속적이고 실용적이며 이기적인 이유로. 그래야 나 자신의 삶이 조금이라도 편안해질 수 있고, 내담자에게도 희망을 말할 수 있으며, 이는 과학적으로도 근거가 있는 말이기 때문이다.

우리는 나이가 들수록 점점 머리가 딱딱하게 굳어버린다고 여기지만, 뇌는 언제나 변화의 가능성에 열려있는 '말랑말랑'한 성질을 가지고 있다. 이것을 뇌 가소성이라고 한다. 덕분에 우리의 뇌는 계속 변하고 있고, 또 변할 수 있다. 그것이 우리에게 좋은 방향이든 나쁜 방향이든 상관없이 뇌는 덜 쓰는 것은 덜어내고 더 쓰는 것은 더하는 식으로 효율을 극대화하기 위한 가지치기를 계속한다. 심지어 죽기 직전까지 말이다.

놀랍게도 이러한 변화는 뇌가 작동하고 기능하는 방식뿐만 아니라 해부학적 구조에서도 일어날 수 있다. 그렇다면 안전과 효율을 추구하는 뇌가 늘 가던 길로 가고 싶어 하더라도, 우리는 잠시 멈추어 다른 길을 선택할 수도 있는 것이다. 이러한 이유로 나는 우리가 원한다면 얼마든지 변할 수 있고 다른 방식으로 살 수 있다는 희망을 선택했다. 혹여 상처받더라도 그것은 그때 가서 감당해야 할 몫으로 남겨두고, 아파도 안고 가겠다는 결연함과 그래도 괜찮을 수 있다는 자신감이 이제는 조금 생겼기 때문에. 이러한 믿음 또한 내가 선택한 것이다.

나 자신을 향한 다정함

나는 새로운 모임을 갔을 때 그곳에서 만난 열 명 중에 '이만하면 적당히 괜찮은 사람' 단 한 명만 건져도 남는 장사라고 생각한다. 때문에 마치 주홍글씨와 같은 손절 리스트로 사람들을 섣부르게 낙인찍으려는 고약한 뇌의 생존 본능을 의식적으로 지연하려고 한다.

    우리의 뇌는 마치 기울어진 운동장과 같다. 뇌는 위험으로부터 자신을 보호하고 살아남으려는 생존 본능을 중심으로 설계되어 있어 긍정적인 것보다 부정적인 것에 꽂히기 쉽다. 이를 부정 편향이라고 한다. 문제가 있다면 재빠르게 파악해서 대처해야 나의 안전을 꾀할 수 있기 때문에 부정 편향은 매우 유용하지만 지나치면 때로 독이 되기도 한다. 특히 처음 만난 사람이나 예측하기 어려운 상대를 대할 때 혹시 모를 위험을 경계하며 상대를 손쉽게 평가하기 때문이다. 이렇게 되면 열 명 중 하나를 건질 수 있는 기회조차 사라져버리는 것 아닌가? 또한 적당히 긁히고 회복하면서 '내가 이만한 내공은 있지' 하는 자신감을 적립할 기회조차 놓치게 된다. 그렇다면 '필요한 상황에서 필요한 만큼' 조심은 하되 일단 마음을 열어두는 게 이득이지 않을까?

장점보다 단점을 먼저 찾아내고, 잘 나가고 있는 와중에도 꼭 문제를 지적하며 꼬투리를 잡는 사람은 매우 피곤할 것 같지만, 안타깝게도 우리는 이미 이런 뇌와 함께 살고 있다. 그러니 삶이 주는 선물을 음미하거나 감사하지 못하고 나만 부정적인 것 같아 괴로웠다면 기억하자. 나만 그런 게 아니라, 애초에 부정적인 것에 꽂히는 기울어진 운동장을 타고난 것이 우리 인간의 태생적 숙명이다. 기울어진 운동장의 한쪽 구석에 몰려 헤어나오기 힘들 때 나는 부정적인 인간이라며 자책하기보다, 내 안의 다정함을 깨우고 믿음과 희망을 동무 삼아 종종 운동장의 다른 한편에 서서 세상을 바라보자. 심심하고 잔잔한 맛이지만 시간을 들일수록 깊이 우러나는 국물에 마음의 허기를 채우는 집밥 한 그릇 든든하게 말아 먹고서 흡족한 마음으로 그곳에 서자. 그곳에서는 내가 미처 보지 못했던 타인의 슬픔과 코스모스처럼 연약한 것들의 아름다움, 강아지풀 같은 웃음과 토끼풀을

엮어 반지를 만들던 순진한 약속, 그리고 온갖 잡동사니를 고이 모아둔 유년의 보물들이 반짝인다.

'○○ 씨는 이런 사람'이라는 인격의 한 줄 요약은 온라인과 오프라인에서 수많은 이름과 얼굴을 기억해야 하는 현대인들에게 꽤나 유용할지도 모른다. 하지만 본능을 거스르고 관계가 어느 정도 무르익을 때까지 기다리는 것, 이것 또한 내가 착해서가 아니라 다정함을 의도적으로 선택했기 때문이다. 나 자신에 대한 다정함이 충분히 흘러 타인에게 스며드는 것은 삶을 살아가는 데 꽤 유용한 일이라고 과학자들도 입 모아 말한다. 다정함은 관계를 다져주고 행복감을 주며 스트레스와 불안을 줄여준다. 타인에게 이를 베풀 수 있는 자기 자신에 대해서도 '나는 이만하면 괜찮은 사람'이라는 생각과 함께 뿌듯한 일이 된다. 만약 '자존감 적립 통장'이 있다면 한번에 꽤 많은 금액을 적립할 기회가 되는 셈이다.

우리는 중요한 의미가 있거나 추구하고자 하는 좋은 것들에게 이름과 날짜를 붙여준다. '세계 가정의 날'이나 '세계 정신건강의 날'처럼 말이다. 다정함에도 날짜가 있다. 바로 11월 13일, '세계 친절의 날(World Kindness Day)'이다. 일 년에 단 하루만이 아니더라도 우리에게는 일상의 다정함이 필요하다.

상대에 대한 데이터가 충분히 쌓일 때까지 다정한 마음으로 지켜보는 기다림이 있다면, 어느 정도의 실수쯤은 큰 흠이라 여기지 않고 믿어줄 수 있을 것이다. 마치 예쁜 잔에 찰방찰방 물이 찰 때까지 기다려주는 것처럼. 그때가 되면 오해나 실수로 흙탕물이나 거무튀튀한 잉크가 튀어도 곧 희석되어 사라지니 큰 문제가 되지 않는다. 여전히 투명한 잔에 믿음의 눈빛이 관통하면, 잘 닦은 석영처럼 까맣게 반짝이는 그 사람의 두 눈을 충실히 볼 수 있을 테니까. 하지만 충분히 물이 차오르기 전에는 약간의 오염물질로도 탁해지기 쉽다. 물이 찰 때까지 기다리지 않고 내다버리기도 쉽다. 관계도 그런 것이 아닐까?

때로는 쉽지 않을 것이다. 그러나 다정함은 선택이다. 그것은 용기 있는 선택이다. 우리는 다정해서 강해질 수 있고, 강하니까 다정할 수 있다.

바람막이 하나 없는 1월의 광장에서 칼바람에 베이면서도 마음에 불씨 하나 품고 봄을 기다리는 마음처럼, 새벽 4시에 아기를 들쳐 업고 짝짝이 신발을 신은 채 병원으로 달려가는 부모의 마음처럼, 웅크려 앉아 동그랗게 오므린 손을 호호 불며 소중한 것을 지키기 위해 기꺼이 다정함을 선택했다면, 조바심과 애달픔이 있더라도 뒤돌아보지 않고 나아가야 한다. 그러나 무엇보다 이 여정은 지치고 상처받은 나 자신을 향한 다정함에서 시작되어야 한다. 어떠한 이유나 설명도 필요 없이.

상처가
반복되는 이유

영국에서는 정신과 진단과 이에 따른 약 처방은 정신과 의사가 하고, 흔히 '상담'이라고 부르는 심리치료는 임상심리학자와 심리치료사, 특히 인지행동 심리치료사(CBT)가 주류가 되어 역할을 분담한다. 대개 3~4개월에 걸쳐 이루어지는 심리치료는 우울증뿐만 아니라 공황장애, 공포증, 범불안장애, 사회불안장애, 외상 후 스트레스 장애(PTSD), 불면증, 강박증, 그리고 흔히 외모강박이라고 부르기도 하는 신체이형장애 등 광범위한 불안장애를 다룬다.

　치료자로서 연륜이 쌓이면 특별한 관심사나 주특기라고 할 만한 전문 분야가 생기기도 한다. 오래전 나의 실습지도를 맡았던 카샤의 선호 종목은 강박증인데, 그 이유가 흥미롭다. 강박증을 앓는 사람들은 자신의 의지와 상관없이 문득 떠오르는 생각에도 티끌만 한 도덕적 불순함이 있다면 견디기 힘들어한다. 마치 꿈을 꾸는 것처럼 우리의 마음은 낮 동안에도 정처 없이 떠돌아다니며 때때로 기괴하거나 불길한 상상을 제멋대로 만들어내기도 하는데, 이런 상상은 의지로 통제되는 것이 아니라서 때로 반사회적이거나 비도덕적인 내용인 경우도 있다. 가령 가족같이 사랑하는 반려견을 집어 던지는 장면이 떠올라 당황스러웠다면, 대부분의 사람들은 '이게 무슨 터무니없는 상상이야' 하며 잊어버리고 만다. 그러나 강박증의 경우에는 '무슨 중요한 의미가 있어서 떠오른 걸 거야'라며 의미를 부여하고 해석하려고 한다. 자신의 의도와는 전혀 무관하고 실제 행동으로 옮길 것도 아닌데 생각 자체만으로 죄가 된다고 여기거나, 자기 안에 괴물이라도 살고 있는 것처럼 자신을 나쁜 사람이라고 생각하기도 한다. 또 자신에게 이런 생각이 떠올랐다는 것은 실제로도 불길한 일이 일어날 징조가 아닐까 하는 걱정에 시달리기도 한다. 따라서 극심한 죄책감과 불안을 느끼면서 '나쁜' 생각을 씻어버리거나 통제하려고 하지만, 생각하지 않으려 할수록 더욱 달라붙는 생각의 속성 탓에 이조차 마음대로 되지 않는다. 결국 자기 마음조차 자기 뜻대로 되지 않는다는 통제 불능 상태에서 자기효능감을 잃고 밑도 끝도 없이 스스로를 의심하며 걷잡을 수 없는 불안감에 휩싸인다. 카샤는 도덕적 결백함을 추구하는 이들이 '너무 착해서' 고통받는 것 같아 더욱 안타까움을 느낀다고 한다.

남들의 시선이 두렵다면

나의 경우는 사회불안장애와 범불안장애를 앓는 사람들에게 특히 애착을 느낀다. 그 이유는 10대와 20대에 차례로 이 두 증상을 직접 겪었기 때문이다.

사회불안장애(Social Anxiety Disorder) 혹은 사회공포증(Social Phobia)은 대인공포증이나 대인기피증이라는 용어로도 널리 알려져 있다. '혹시 나도?' 하며 걱정한다면 조금은 마음을 놓아도 된다. '장애'라는 말이 붙어서 뭔가 중병에 걸린 것처럼 느껴질 수도 있지만, 사실 사회불안장애는 가장 흔한 불안장애 중 하나이기 때문이다. 하버드대학교 의과대학 로널드 케슬러(Ronald Kessler) 박사가 다양한 국적의 영어 사용자 1만 명을 대상으로 한 연구에 의하면 평생 정신과 진단을 단 한 번이라도 받아본 미국인은 무려 50퍼센트나 되며, 전체 조사 대상자

중에서 불안장애를 겪은 사람 또한 30퍼센트에 육박한다. 그중 사회불안장애는 12퍼센트로 거의 여덟 명 중에 한 명꼴이다. 이는 다른 불안장애에 비해서도 매우 높은 편이다.

영국에서 진행된 연구에 의하면 청년을 대상으로 했을 때 그 수치는 더욱 폭등하여 사회불안장애를 겪은 대학생이 무려 절반 정도나 된다고 하며, 그보다 많은 80퍼센트에 달한다고 보고하는 연구도 있을 정도다.

사회불안장애는 사람들과 부대끼는 상황에서 긴장감이 심해 일상생활에 어려움이 따르고 사회적 고립이 심해지면서 우울증을 동반하거나 약물 중독과 같은 2차적 문제로 발전하기도 한다. 더욱이 이를 알아차리지 못하고 지나치거나 진단을 받지 못하는 경우도 많아 실제로 이 문제를 겪는 사람들은 알려진 것보다 훨씬 많을 것이다. 이를테면 자신을 극내향인이라고 생각하는 사람들 중에 대인 관계에 대한 불안감이 높아 일상생활에 큰 지장을 줄 정도라면 단순히 성격으로 치부할 것이 아니라 전문가의 도움을 받아볼 필요가 있다.

우리는 마음에 드는 이성 앞에서 상대방의 시선을 과하게 의식하거나 '영어 울렁증'처럼 해외에서 해당 국가의 언어가 서툴 때는 타인의 평가에 민감해지면서 긴장하고 위협을 느끼기도 한다. 이는 사회불안장애와 유사한 증상이긴 하지만, 상황이 상황인지라 일반적으로도 매우 빈번하게 일어나는 일이다. 어떤가? 여러분은 비정상이 아니다.

시선의 감옥에 갇혀있을 때

나를 싫어할 것 같은 사람들로 가득 찬 방에 홀로 걸어 들어간다고 상상해 보자. '모두 나만 쳐다보겠지? 내 표정이나 걸음걸이가 이상해 보이진 않을까? 긴장하는 내 모습을 들키지 않을까? 혹시 실수해서 약점을 잡히진 않을까? 나를 나쁘게 보거나 미워하진 않을까? 웃음거리가 되거나 무시당한다면? 창피를 당해도 아무 말도 하지 못한다면? 이런 내 모습이 그들의 기억에 영원히 박제되어 영영 벗어날 수 없다면?'

마치 나를 향한 수십 대의 CCTV가 24시간 따라다니는 것처럼 위축되며 몸을 사리게 된다. 사람들의 눈에 띄지 않게 구석에 앉아보지만, 자기 자신을 지나치게 의식하게 되면서 그들의 눈에 비칠 못난 내 모습을 상상한다. 시선의 감옥에 갇힌 못난이 새가 된 느낌. 이마에 돌을 맞아 파인 자국에 털이 빠져 듬성듬성한데도 억지웃음을 지으면서 한쪽 구석에서 맴도는 병든 새 말이다.

사람들을 만날 때마다 그들의 시선이 두렵고, 그들의 평가가 두렵고, 그래서 일어날 일들이 두렵다. 머릿속이 하얘지면서 심장이 미친 듯이 뛰고 몸에 힘이 바짝 들어간다. 소화가 되지 않아 배가 꿀럭거리고 손이 바들바들 떨리면서 땀이 난다. 오늘 누가 헤어스타일을 바꿨는지, 새 구두를 신고 왔는지 전혀 눈에 들어오지 않고, 그들이 무슨 말을 하고 있는지도 사실 귀에 들어오지 않는다. 상대의 기분 좋은 미소는 나에 대한 비웃음인 것 같고, 오는 길에 새 구두에 흙탕물이 튀어 짜증난다는 남자의 표정은 내 헛소리 때문인 것 같다. 자기검열이 시작된다. '이런 말을 해도 되는 걸까?' 마치 무대 위에서 각본대로만 움직이는 연극처럼, 무슨 말을 어떻게 할지 마음속으로 리허설을 반복한다.

알쏭달쏭한 타인의 마음은 언제든 나를 해칠 수 있기에 심기를 건드리지 않으려면 독심술이라도 하듯 그들의 마음을 정확하게 분석해서 대비해야 한다. MBTI, 별자리, 혈액형, 사주, 관상에 더해 온갖 심리학적 지식과 눈치코치까지 동원하여 그들의 말과 행동 하나하나를 분석하고 의미를 부여한다.

'저런 행동은 무슨 의미일까? 저 사람은 나에 대해 어떻게 생각하는 거지?'

사력을 다해 사람들을 견디고 집으로 돌아오면 온몸에 힘이 빠져버린다. 그나마 철저한 대비를 했으니 망정이지, 그렇지 않았다면 연극을 망칠 뻔했다. 무대에서 내려온 희극인이 홀로 남은 분장실에서 화장을 지우는 것처럼, 마스카라가 번져 엉망이 된 자신의 얼굴을 텅 빈 눈으로 쳐다본다. 엉성한 나의 연극은 몇 점짜리일까? 무슨 실수라도 하진 않았을까? 그날 있었던 일을 곱씹으며 죽은 듯 드러누운 사건의 기억을 샅샅이 '부검'한다. 그리고 후회와 자책으로 자신을 밤새 괴롭힌다.

'아무래도 실수한 것 같아. 날 이상하게 생각하지 않을까? 한심해서 견딜 수 없어!'

위기 상황이 종료된 후에 이어진 사건 부검에 따른 우울감(post-partum depression). 사회불안장애와 짝꿍처럼 따라다니는 우울증이다. 도대체 내게 무슨 일이 일어난 걸까?

낮에도 달이 차던 날의 시간들

앞서 말했듯이 학교 폭력을 당한 적이 있다. 열두 살 초여름, 이른 수박이 나고 봉숭아꽃이 피던 계절이었다. 그날 이후로 모든 것이 바뀌었다. 마치 돌이킬 수 없는 불의의 사고를 당한 것처럼 한순간에. 낮에도 달이 차 깜깜해지고 산이 거꾸로 앉은 것처럼 세상이 뒤집혀버렸다. 조곤조곤, 쫑알쫑알 떠들던 유쾌하고 사교적인 나의 어린 시절도 그날 죽어버렸다. 나는 영문도 모른 채 20여 명의 아이들에게 끌려가 취조를 당했다. 이런 모욕을 당하고도 아무것도 할 수 없는 나 자신이 수치스러워 견딜 수가 없었다. 내가 다른 아이와 친해졌다는 이유로 앙심을 품고 그런 일을 주도했던 단짝 친구 외에도, 재미있을 것 같아서 혹은 다른 아이들이 하니까 그냥 따라왔다는 아이들도 있었다.

슬픔을 베어 물면
수박물처럼 마음에 번진다.
봉숭아물처럼 지워지지 않는다.

낮에도 달이 차던 날,
산이 거꾸로 앉은 날.

닫힌 커튼 사이로, 동그란 볼에 오후 3시가 닿으면
거꾸로 앉은 산처럼 감은 눈에 물이 고인다.

해가 달에 가리고,
달이 물에 기울고,

물이 산에 고인다.

우는 게 아니야.
한숨처럼 네 이름을 부를 때,
바람이 불어 그런 거지.
_ 안젤라 센, 〈낮에도 달이 차던 날〉

    살아있지만 산 것 같지 않았던 시절의 내가 쓴 시를 보면 지금도 눈물이 난다. 그때의 연약하고 가여운 소녀가 눈앞에 보인다. 그때의 상처는 아주 긴 시간 그 아이를 괴롭혔다. 하지만 지금 이렇게 여러분에게 과거를 이야기할 수 있을 만큼, 나는 성장하고 치유되었다. 기억 속 소녀를 끌어안고 위로할 수 있을 만한 어른으로 말이다. 나와 비슷한, 혹은 다르지만 나름의 아픔을 갖고 있는 사람이 있다면 같은 위로를 건네고 싶다.

과거는 사라지지 않지만
상처는 치유된다

트라우마는 한 사람의 세계관을 완전히 바꾸어놓기도 한다. 나는 누구이며 나를 둘러싼 사람들과 세상은 어떤지에 대한 신념 체계(belief system)가 완전히 붕괴된다. 깨진 유리병을 다시 붙일 수 없는 것처럼 절대로 예전의 나로 돌아갈 수 없을 것 같다.

어떤 사람들은 이로 인해 외상 후 스트레스 장애, PTSD를 겪는다. 계속 그 일이 꿈에 나타나고 생각하고 싶지 않은데도 그때의 생생한 감각이 불쑥불쑥 되살아나는 플래시백(flash-back)을 경험하기도 한다. 마치 그때로 돌아가 시간이 멈추어버린 것처럼, 현재를 살지만 동시에 과거를 사는 사람처럼. 사건 현장을 피해 멀리 돌아가기도 하고, 초긴장 상태에서 주위를 두리번거리기도 하고, 가해자와 조금이라도 닮은 사람이 보이면 다른 길로 피해버리는 것처럼. 그 일을 상기시키는 어떤 단서들도 회피하고 싶어 한다.

그때의 소리, 그때의 냄새, 그때의 촉감과 몸에서 느껴지던 감각……. 산산 조각난 유리처럼 파편화된 기억에 갇혀 수없이 찔리기를 반복한다. 그것은 뇌가 기억을 처리하는 과정에 문제가 생기기 때문이다. 평소에는 마치 한 권의 잘 만들어진 책처럼 줄거리와 의미가 완성도 있게 편집되는 기억의 처리 과정이, 트라우마를 겪는 상황에서는 갑자기 솟구치는 스트레스 물질로 인해 뒤죽박죽이 되어버린다. 조각난 트라우마의 기억은 정리되지 못한 채 기억의 도서관 여기저기에 아무렇게나 쌓여 있다가 내가 원하지 않는데도 의식의 수면 위로 와르르 쏟아진다. 길을 걷거나 밥을 먹다가도 왈칵 눈물이 난다. 마치 부끄러운 비밀이라도 들킨 것처럼 화들짝 놀라며 냄새나고 곰팡이 슬어버린 상처의 기억을 아무렇게나 책장에 쑤셔 넣지만 다시 또 쏟아지고 만다.

'그런 일만 일어나지 않았더라면, 내가 그렇게 하지 않았더라면…….' 가해자와 분리된 후 시간이 지나며 저절로 나아지는 경우도 꽤 있지만, 한 달가량 지난 후에도 이러한 증상이 지속되면 전문가의 개입이 필요하다고 말한다.

마음의 시선이 향하는 곳

그렇다면 상처의 기억에도 출구는 있을까? 물론 있다. PTSD의 치유 과정은 흩어지고 찢어진 상처의 기억을 한데 모아 정리하여 야무지게 끈으로 묶은 다음, 깨끗한 표지를 입히고 다정한 의미를 담아 제목을 붙여주는 작업과 같다. 내가 필요할 때 찾을 수 있도록 도서 열람표와 각종 해시태그를 붙여 저장하고 나면, 이제 이 책은 기억의 도서관에서 제자리를 찾을 것이다. 아무 때고 와르르 쏟아지는 일도 없을 것이다.

이미 일어난 과거를 바꿀 수는 없지만 기억은 재편집할 수 있다. 그리고 그 기억의 의미는 우리가 선택할 수 있다. 흉터는 남았지만 더 이상 아프지는 않을 수 있다. 마치 지루한 일요일 오후 3시에 재방송하는 주말의 명화를 보는 것처럼, 차창 밖으로 지나가는 풍경을 바라보는 것처럼, 큰 감정의 동요 없이 상처받은 과거를 처음부터 끝까지 지켜볼 수 있다. 그래야 삶을 살아낼 수 있다.

트라우마를 겪었다고 해서 모두 PTSD 증상으로 이어지는 것은 아니다. 나의 경우 어린 시절의 사건이 나에게 남긴 것은 PTSD가 아니라 사회불안 증상이었다. 이는 학년이 바뀌고 고등학교를 진학하면서 가해자들이 사라진 와중에도 계속되었고, 이제 내가 그들이 되어 자신을 끊임없이 괴롭혔다. 처리되지 못한 채 오갈 데 없는 분노가 타인이 아니라 나 자신을 향했기 때문이다. '새장은 없어. 나오라고, 나오라고, 이 바보야.' 시선의 감옥에서 빠져나오지 못하는 병든 새에게 나는 계속 돌팔매질을 했다.

사회불안장애를 설명할 때 외적 시선(external attention)과 내적 시선(internal attention)이라는 개념이 있다. 이는 마음이 바라보는 방향, 즉 마음의 시선이나 관심의 방향이라고 이해할 수 있다. 수업시간에 앉아있지만 딴 생각에 빠지거나 마음이 다른 데 가 있다면 마음의 시선은 다른 곳을 향하고 있는 것이다. 여기서 외적 시선이란 마음의 시선이 나 자신이 아닌 외부를 향한다는 뜻이고 내적 시선은 마음의 시선이 나 자신을 향한다는 뜻이다. 예컨대 호기심 많은 어린아이가 사슴벌레를 유심히 관찰할 때 '관심'이라는 마음의 시선과 더불어 청각, 후각, 촉각 등 모든 감각 기관이 사슴벌레라는 외부세계를 향한다. 이를 외적 시선의 상태라고 할 수 있다.

반면 내적 시선이란 마음의 시선이 나 자신을 향해 집중된 상태다. CCTV가 자기 자신을 따라다니며 마음속까지 꿰뚫어 보는 것과 비슷하다. 따라서 마음의 시선이 내부로 향하는 내적 시선이 발동한 상태에서는 늘 감시당하는 사람처럼 지나치게 자신을 의식하게 된다. 상대방이 미소 지을 때 미소를 보는 것이 아니라 그 미소가 드리우는 자신의 그늘을 본다. 사회불안장애를 겪는 사람들은 이러한 감시카메라들이 나를 쳐다보는 타인의 적대적인 시선이라고 착각하기 쉽지만, 실은 나 자신의 것이다. 따라서 사회불안장애의 치료 과정 중 하나는 마음의 시선을 내적 시선에서 다시 외적 시선으로 전환시키는 훈련을 포함한다. 지나치게 자신을 의식하지 않고, 작은 새소리에도 춤추듯 걸어갈 수 있도록, 나를 둘러싼 세상을 있는 그대로 바라볼 수 있도록 말이다.

치유의 목표는 감싸기가 아닌 단단해지기

보호 행위(Safety Behaviors) 또한 사회불안장애를 이해하는 핵심 개념이다. 이는 쉽게 말해 두려운 상황에서 안정감을 느끼기 위해서 하는 일련의 행동들을 말한다. 떨리는 입술이 보일까 봐 입술을 깨무는 행동, 손을 어디다 둬야 할지 몰라 주머니에 넣거나 꼭 잡는 행동, 사람들을 마주치지 않기 위해 미리 동선을 계획하거나 아예 피해버리는 행동, 시선을 피하기 위해 구석에 앉는 행동, 상대가 (특히 나에 대해) 어떻게 생각하는지 분석하려 애쓰고 나는 어떤 표정으로 무슨 말을 하고 무슨 말을 하지 말아야 할지 미리 각본을 짜고 연습하거나 자기검열을 하는 행동……. 사람마다 제각각 다른 모습이지만 대인 관계의 긴장을 조금이라도 누그러뜨리거나 약점을 감추고 실수를 방지하기 위해 하는 소소한 행동들이 보호 행위에 해당된다.

    강의를 할 때면 많은 사람들이 모범답안을 기대하는 것처럼 물어볼 때가 있다. "그런데 상대가 이렇게 나오면 어쩌죠? 또 저렇게 나오면요?" 바둑으로 따지면 앞으로의 10수를 예측하고 각본을 짜서 대비하려 하는 것이나 다름없는데, 인간관계에서 이런 수 싸움은 그다지 도움이 되지 않는다. 상대는 내가 미리 짜놓은 각본대로 움직여주지 않을 뿐더러 예상치 못한 변수는 늘 있기 때문이다. 이럴 경우 유연하게 대처하지 못하고 당황하여 도리어 상황을 악화시킬 수도 있다. 또한 이런 상태에서는 소통의 무게 중심이 상대에게 완전히 쏠려있기 때문에 관계의 운전대를 상대에게 쥐여주며 끌려 다니기 쉽다.

    이때는 선뜻 해답을 제시하는 것보다 먼저 왜 이런 질문을 하는지에 대해 근본적으로 이해하는 것이 중요하다. 이러한 질문을 한다는 것은 그만큼 관계에 대한 불안감이 크다는 의미다. 한 치 앞도 모를 전쟁 같은 삶에서 자기 자신조차 믿지 못해서, 확실한 해답을 주는 이에게 기대고 싶다는 마음이다. 누구나 힘들 때는 든든한 사람에게 기대고 싶어 하지만, 답안지를 주는 사람에게 의존하면 혼자서는 아무 결정도 하지 못하게 될 위험도 있다. 우리에게 필요한 것은 해답이 아니라 스스로 답을 찾기 위한 질문이며, 의존이 아니라 홀로서기를 위한 도움이다.

사람들을 만날 때마다 그들의 속마음을 분석하고 어떻게 반응해야 할지 미리 각본을 짜서 연습하거나 누군가에게 일일이 물어봐야 한다면 매우 소모적이고 피곤한 일이 될 것이다. 그럼에도 불구하고, 이렇게 해야만 조금이라도 마음이 놓인다는 것은 그만큼 사람에게 받은 상처가 깊어 다시 상처받을지도 모른다는 불안감 또한 크다는 의미다.

각본 짜기는 소통이 두려울 때 그 순간의 위기를 모면하기 위한 자기보호 행위지만 결국 스스로 문제를 해결하지 못하도록 방해한다. 걸음마를 배우는 아기가 넘어질까 봐 계속 안고 다니면 아기가 혼자서도 충분히 걸을 수 있다는 것을 스스로 깨달을 기회를 막는 것과 같다. 결국 문제 해결력은 제자리에 머물고, 과잉보호 없이도 충분히 대처할 수 있다는 자신감을 키우지 못해, 앞으로의 대인 관계에서 긴장이 계속되거나 오히려 심해지는 악순환이 벌어진다. 따라서 치유의 목표는 관계에서 발생하는 크고 작은 어려움에도 불구하고 과도한 자기보호 행위 없이도 자신이 충분히 단단하고 유연하게 대처할 수 있다는 것을 스스로 깨닫는 데 있다. 아이가 어른으로 성장하는 발달의 단계에서 시련과 좌절을 피할 수는 없다. 마찬가지로 사회적인 관계에 있어서도 갈등 상황을 완전히 피하거나 없애는 것 또한 불가능하므로 오히려 이를 수습하고 해결하는 능력을 키우는 것이 현실적이다. 이러한 과정에서 문제해결력과 자신감이 자라나고 자존감이 탄탄해진다.

관계가 두려운 사람들에게 변화란 시선의 감옥에 갇힌 새가 스스로 걸어 나오는 과정이다. 투명하지만 두터운 알을 깨고 나오는 힘겨운 일이다. 처음에는 무섭고 힘들 것이다. 두려운 미래보다 익숙한 고통이 낫다고 느껴질 수도 있다. 그러나 우리가 마음속에 꼭 새겨둘 세 가지가 있다.

첫째, 갈등은 관계의 일부다. 따라서 갈등은 위기일 수 있지만 배움의 기회가 될 수도 있다. 둘째, 작은 것부터 시작하면 된다. 상대적으로 쉽고 감당할 만한 문제부터 해결하면서 자신감을 적립하자. 단계적으로 자신감을 쌓아가는 것이 중요하다. 셋째, 일어서기 전에 넘어지는 법을 먼저 배워야 한다. 자전거를 배울 때 덜 아프게 넘어지는 법을 먼저 배우고 유도를 배울 때도 낙법을 기본기로 배우는 것처럼 관계의 문제를 풀어가는 소통법을 배울 때도 마찬가지다.

기억하자. 배움은 시행착오를 허용하는 것이며 자신의 못난 모습조차 허락해주는 것이다. 서툴러도 대견하게 지켜봐주는 부모의 마음으로 지금이라도 나 자신을 위한 마음의 양육자가 되어주는 것이다.

상처를 안은 채 어른이 되었을 때

학교 폭력은 아이들 사이에서만 벌어지는 것이 아니었다. 고등학교 시절 학생들은 대부분 입시에 몰두하느라 서로에게 무관심했는데, 의외의 함정이 있었다. 1년 내내 나를 향한 기괴한 집착으로 집요하게 폭력을 가했던 담임 선생님. 프리다 칼로를 좋아했던 내게 자신은 케테 콜비츠를 좋아한다며 다정하게 책을 건네주다가도, 갑자기 돌변하여 괴롭히던 모습이 지금도 또렷하다. 실수로 두고 간 내 일기장을 교무실에서 돌려보고는 공개적으로 비아냥대고, 후배들 앞에 멱살을 잡고 끌고 가 내 부모를 들먹이고 망신을 주면서 자신의 권력을 즐기기도 했다.

 소위 '비행 청소년'도 아니었고 공부도 곧잘 했는데 별다른 이유 없이 때리면 맞았고 꿇으라면 꿇었다. 더 비참하고 비굴해지기 싫어서 고개를 숙이거나 빌지는 않았지만, 그래서 더 맞았다. 누구라도 붙잡고 도와달라며 애원하고 싶었지만 약점이 될까 봐, 초라해질까 봐, 부담이 될까 봐, 어차피 도와줄 사람도 없을 것 같아서 그냥 견뎌야했다. 그래서인지 고3 때는 몸에도 병이 생겼다.

상처는 그대로였지만 시간이 흐르면서 저절로 어른이 되었다. 그나마 대학생이 되어 상경하자 그곳을 벗어난 덕분인지 상태가 조금 나아졌다. 남들의 시선 따위 신경 쓰지 않는다며 동대문에서 산 가죽 재킷을 입고 메탈리카 같은 헤비메탈을 들으며 센 척해 보기도 했다. 그러나 도무지 내게 어울리지 않아 세 달도 안 되어 접었다. 그 시절의 나는 그냥 혼란스럽고 화가 난 마음에 어찌할 바를 몰랐다. 다르게 살아보고 싶다, 내 길을 가겠다, 하는 진지한 결심이었지만 그래봐야 미숙한 아이디어로 행위예술을 해보겠다고 설치거나 머리를 보라색으로 물들이는 정도의 소심한 반항에 그쳤다. 남들의 시선 따위는 신경 쓰지 않는다고 했지만 실은 너무도 신경 쓰여서 몸부림치는 것이 아니었을까? 제발 쳐다보라고 판을 깔아놓고, 타인의 시선에 대한 무심함과 용기를 스스로 테스트해 보고 싶었는지도 모른다. 지금 되돌아보면 가엽기도 하고 귀엽기도 하지만, 그때는 최선을 다해 힘들어했다.

불확실하니까 아픈 청춘

나의 20대는 불안과 우울 사이에서 칼춤을 추는 듯했다. 아무리 노력해도 앞이 보이지 않는 먹구름에 푹 절여진 배춧잎 같은 젊음이었다. 불안은 대인 관계뿐만 아니라 삶 전체에 스며들었다. 그때를 되돌아보면 범불안장애를 겪었던 것 같다. 걷다가도 하늘이 무너지고 땅이 꺼질 듯 끊임없는 걱정과 걷잡을 수 없는 불안감에 시달렸다. 삶의 작은 조각 하나라도 틀어지면 모든 것이 도미노처럼 무너져버릴 것 같았으니까. 머리에는 걱정을, 가슴에는 불안감을 달고 사는 범불안장애는 크게 회피형 행동 패턴과 과잉형 행동 패턴이라는 두 가지 행동 패턴을 보인다. 회피형 행동 패턴은 특정 행동을 덜 하거나 안 하는 것을 말하고 과잉형은 너무 과하게 하는 것을 말한다.

우유부단하고 결정을 힘들어 하는 사람을 일컬어 소위 '결정장애'라는 말을 한다. 일상용어로 자주 쓰이는 말이지만 공식적인 병명이 따로 있는 것이 아니라 범불안장애를 겪을 때 행동으로 나타나는 다양한 증상 중 하나를 표현하는 말이다. 어떤 사람은 이래도 불안하고 저래도 불안해서 아무 결정도 내리지 못한 채 미루고 회피하거나, 결정에 따르는 책임이 두려워 다른 사람에게 결정권을 맡겨버린다. 불안할수록 무속이나 점술에 의존하는 심리와 강력하고 확신에 찬 권력자에게 순응하는 심리도 이와 비슷한 기제로 작동한다. 결정을 회피하는 행동은 회피형 행동 패턴의 전형적인 예시라고 할 수 있다.

회피형 행동 패턴은 연애 스타일에서도 나타날 수 있다. 사랑하지만 상대와 미래를 약속하지 못해 머뭇거리다가 관계가 깨지는 일이 반복된다면, 이는 신중함을 넘어 관계의 불확실한 속성에 대해 불안감이 높은 사람들이 보이는 회피형 행동 패턴일 수 있다. 확신이 없어서, 최선의 선택이 아닐까 봐, 후회할까 봐, 영원히 책임질 자신이 없어서, 혹은 과거에 있었던 일이나 자신의 부모가 그랬던 것처럼 어느 한쪽이 변하거나 잘못될까 봐, 그러면 상처를 주거나 상처를 받을까 봐……. 결국 모두 내 탓이 될 것 같은 지나친 책임감에 짓눌리고 두려워서 결정적인 순간에 도망친다면 이러한 심리에 기반한 회피형 행동 패턴이다. 아직 결혼도 안 했는데 이혼을 먼저 염려하는 것처럼 시작하기도 전에 마음은 이미 나락행 급행열차를 탄 셈이다. 당면한 문제를 직시하지 못하고 이미 모든 것을 포기한 사람처럼 눈을 감고 현실을 부정하거나 외면하기도 한다. 그러다 정말 문제가 심각해진다.

머리로는 그러면 안 된다는 것을 알면서도, 걱정회로를 멈추지 못하는 이유는 이렇다. 최악의 시나리오까지 미리 걱정해

두면 그나마 마음의 준비라도 할 수 있어 안전하다 믿기 때문이고, 이러한 안전장치조차 없다면 더 쉽게 상처받고 회복하기 어려울 거라는 생각 때문이다. 회피형 행동 패턴으로 불안에 반응하는 사람들은 어떤 선택을 하든 어차피 망할 것이라는 생각에 시도조차 하지 못하다가 나중에 후회하기도 한다. 겉으로는 아무것도 안 하는 것처럼 게을러 보일 수도 있지만 이들의 머릿속을 들여다보면 매우 애쓰는 삶을 살고 있다. 언제 어디서든 나락으로 떨어질 만한 백만 가지 가능성에 대해 미리 걱정하고 대비하느라 이미 탈진한 상태이기 때문이다. 늘 어깨와 뒷목이 결리고 만성 피로에 시달린다.

반대로 불안에 대해 과잉형 행동 패턴으로 반응하는 경우라면 무슨 일이든 자신의 통제 안에서 꽉 잡고 있어야 그나마 마음이 편하다. 속속들이 자신이 알고 계획하며 관리하지 않으면 제대로 돌아가지 않는다고 믿기 때문에 주변 사람들에 대해 어린아이를 물가에 내놓은 것처럼 마음이 놓이지 않고, 그러다 보니 아무에게도 일을 맡기지 못해 결국 자신이 나선다. 시도 때도 없이 부하 직원에게 연락해서 지시를 내리는가 하면 자녀의 일정을 10분 단위로 관리하고, 해야 할 일을 장문의 리스트로 만들어 모든 것을 계획하에 처리한다. 우연의 즐거움은 이들에게 허락되지 않으며 조금이라도 삐끗해서 계획대로 되지 않거나 돌발적인 상황이 벌어지면 견디기 힘들다. 심지어 자기 자신조차 믿을 수 없어 뭔가 빠뜨리지는 않았는지 몇 번이나 확인하고, 완벽하지 않으면 큰일 날 것처럼 보고서를 고치고 또 고치다 서론조차 쓰지 못하고 마감일을 놓쳐버려 결국 제출하지 못하는 일이 생기기도 한다. 이들은 나락행 급행열차를 홀로 막아내기 위해 안간힘을 쓴다. 미리 걱정해서 모든 구멍을 막아두어야 안심할 수 있기에 쉽사리 걱정을 내려놓기 힘들다.

타인에 대한 걱정이 배려와 사랑의 표현이라 믿는 경향도 강해 걱정을 붙잡고 놓아주지 않는 데 한몫한다. 그러니 바쁘게 움직이는데도 늘 쫓기는 것 같아 피로감에 시달리며, 금세 인내심이 고갈되어 버럭 화가 난다. 특히 이렇게 애쓰는데도 늘 자신의 삶은 뒷전이라는 생각에 억울한 감정까지 든다.

20대의 나 또한 예상치 못했던 일들이 언제든 내 뒤통수를 칠 것 같았다. 그러니 조금만 헛디뎌도 벼랑으로 떨어질까 봐, 그러다 주변 사람들에게 피해를 줄까 봐, 그러면 모두 내 탓이 될까 봐 두려웠다. 가능한 시나리오를 모두 그려보고 대비하려고 발버둥쳤다. 사소한 문제의 씨앗에서도 걱정의 나무가 무럭무럭 자라나 끝도 없이 잔가지를 쳤고, 지구 반대편에 있는 작은 나비의 날갯짓에도 토네이도에 휩쓸리고 말았다. 그때 저 높은 걱정의 나무 꼭대기 위에 매달려 애쓰던 나에게 누군가 이렇게 말해줬으면 얼마나 좋았을까? "이제 내려와. 그건 단지 네 손바닥 위의 작은 씨앗일 뿐이야." 토네이도에 휩쓸려 길을 잃은 나에게 "그만 돌아와. 그건 그냥 나비의 작은 날갯짓일 뿐이야"라고 알려주고, 파국의 종착역으로 향하는 걱정의 폭주열차를 온몸으로 막아내려는 나에게 "잘 봐, 기차들은 늘 오고 갈 뿐이야"라고 말해주었다면. 저 하늘의 구름이 오고 가는 것처럼 이 모든 걱정과 근심을 막을 필요도 붙잡을 필요도 없다고.

수만 가지 독배 중에 하나를 선택해야 하는 것도 괴로운 일이지만, 수만 가지 사탕 중에 하나를 선택해야 하는 것 또한 괴로운 일이다. 혹자는 선택지는 많을수록 좋으니 행복한 고민이라고 얘기할 수도 있지만, 너무 많은 선택지는 오히려 불안을 증폭시켜 결정을 어렵게 만든다. 내가 40대가 되면서 안정감을 느끼게 된 이유 중 하나는 내 삶의 방향이 수만 가지의 모호한 가능성이 아니라 몇 가지의 명료한 가능성으로 추려졌기 때문일 것이다.

그 시절 청춘의 무한한 가능성을 예찬하는 사람들에게 냉소를 지을 수밖에 없었던 이유는 그들이 말하는 무한한 가능성이 내게는 불확실한 미래에 대한 무한한 불안일 뿐이었기 때문이다. 미래로 향하는 수만 가지 갈림길 앞에서 아무것도 정해진 것 없고 아무것도 손에 쥔 것 하나 없이 갈팡질팡할 뿐. 아프니까 청춘이 아니라 불확실하니까 아픈 청춘이었으므로, 이미 지나온 자의 여유 같은 것은 꿈도 꿀 수 없었다. 내세울 것 없고 확실한 것 하나 없는 젊은 날에 지적 허영이라도 부려야 살 것 같아서 고개는 빳빳이 들고 푸코, 데리다같이 난해한 철학책을 명품 가방처럼 끼고 다녔다. 그 시절의 내 모습은 상처 입은 마음을 어떻게든 감춰보려고 스스로 돌이 되길 바랐던 것 같다.

> 내 죽으면 한 개 바위가 되리라.
> 아예 애련(愛憐)에 물들지 않고
> 희로(喜怒)에 움직이지 않고
> 비와 바람에 깎이는 대로
> 억 년(億年) 비정(非情)의 함묵(緘黙)에
> 안으로 안으로만 채찍질하여
> 드디어 생명도 망각하고
> 흐르는 구름
> 머언 원뢰(遠雷)
> 꿈꾸어도 노래하지 않고,
> 두 쪽으로 깨뜨려져도
> 소리하지 않는 바위가 되리라
> _ 유치환, 〈바위〉

위험을 느끼면 어떤 사람들은 숨거나 피하고, 어떤 사람들은 센 척하며 덤벼들고, 어떤 사람들은 모든 감각을 차단한 채 제자리에서 얼어버리거나 웅크리고 심지어 기절하는 경우도 있다. 마치 죽은 것처럼. 나는 견디기 위해서 돌이 되었다. 감정이란 아프기만 한 것이어서 아무것도 느끼지 않아야 살 수 있었다. 그러나 나는 나 자신으로부터 점점 멀어지고 있었다. 사람은 자기 자신으로부터 얼마나 멀어질 수 있는 걸까? 나는 자란 곳을 떠났고, 서울을 떠났고, 급기야 지구 반대편인 런던으로 도망쳤다. 멀면 멀수록 좋았다. 그러나 나 자신을 떠날 수는 없는 것이었다.

무엇을 생각하면
견딜 수 있나

우리의 뇌가 부정적인 것에 꽂히기 쉬운 것처럼, 정신과의 오랜 전통은 무엇이 우리를 일으켜주는가에 대한 것보다 무엇이 문제를 일으키는가에 꽂혀있었다. 이는 시련을 이겨낸 '생존자'가 아닌 시련에 다친 '희생자'를 중심으로 그들의 과거를 되돌아보며 문제의 소인을 밝히는 병리학적 접근법으로 이어졌다. 이로 인해 많은 사람들이 불우한 성장기를 보낸 사람은 필연적으로 자존감이 낮고 성격 형성에 문제가 생겨 '낙오자'나 '사회 부적응자'가 될 운명인 것처럼 믿기도 한다.

하지만 영유아기부터 성인이 될 때까지 성장 과정을 지속적으로 추적한 여러 연구는 일관적으로 이와 상반되는 결과를 보여준다. 그것은 각종 트라우마와 가정불화, 경제적 빈곤 등 많은 어려움에도 불구하고 생각보다 많은 아이들이 이를 극복하고 건강한 어른으로 성장한다는 것이다. 그중 카우와이섬의 종단연구(longitudinal study, 동일한 연구 대상자를 오랜 기간 동안 추적 관찰하는 연구 방식)는 회복탄력성에 대한 우리의 고정관념을 완전히 바꾸어놓았다.

영화 '쥬라기 공원'의 배경이 되기도 했던 카우와이섬은 하와이군도의 서쪽 끝에 있는 작은 섬이다. 이곳에 다양한 배경을 가진 전문가들이 모여 1955년에 출생한 698명의 아이들을 대상으로 출생부터 중년기까지 그들의 삶을 추적하는 대장정을 시작했다.

발달심리학에 따르면 우리는 생애 주기를 거치며, 특히 만 1세에는 신뢰, 2세에는 자율성, 10세에는 근면, 18세에는 자아정체성, 32세에는 성적 친밀감, 그리고 40세에는 다음 세대를 위한 사회 기여와 관대함을 배우는 결정적인 시기라고 본다. 카우와이 연구팀 또한 발달의 결정적 시기마다 연구 대상자를 모니터링하며 그 결과를 주기적으로 보고했다. 과연 그들은 무엇을 발견했을까?

사람으로 받은 상처는 사람으로 치유한다

총 698명의 연구 참여자들 중 약 30퍼센트 정도인 210명은 열악한 환경에서 나고 자랐다. 이들은 출생 전후의 건강 문제, 만성적 가정불화나 부모의 이혼, 가난, 부모의 정신과 문제, 중등 이하 저학력 어머니에 의한 양육 등 여러 어려움을 겪었다. 특히 만 2세까지 네 가지 이상의 위험 요인에 지속적으로 노출된 이들의 3분의 2는 만 10세가 되자 학습과 행동에 문제를 보였고, 18세가 되기 전까지 태만과 비행 문제, 정신 건강상 문제를 보였다.

그렇다면 나머지 3분의 1은 어떻게 되었을까? 불우한 환경이나 유년기의 트라우마가 평생의 성격과 운명을 결정할 거라는 통념과는 달리, 이들은 유능하고 다정하며 자신감 있는 어른으로 성장했다. 40세에 이르자 모두 성실하게 직장 생활을 했고, 어떤 범법 행위도 저지르지 않았으며 사회복지 서비스에도 의존하지 않는 완전한 자립을 이루었다. 그리고 '고위험군'으로 분류된, 소위 '비행 청소년'이었던 아이들조차 중년에 이르자 대부분 회복했다. 무엇이 그들을 보호해준 것일까?

이 연구 결과는 '자신을 믿고 지지해주는 단 한 사람만 있어도 우리는 살 수 있다'라는 문장으로 요약되기도 하지만, 실은 더 많은 것을 일깨워준다. 시련을 극복한 아이들 곁에는 기댈 수 있는 이가 있었다. 정서적 안정감과 도움을 줄 수 있는 형제자매나 친인척이 버팀목이 되어주었고, 때로는 학교의 선생님, 이웃 어른이나 친구들이 도와주기도 했다. 특히 남자아이들에게는 규칙을 가르쳐준 남성 롤 모델이 있었고 여자아이들에게는 도움의 손길과 동시에 독립심을 키워준 여성의 보살핌이 있었다.

하지만 무엇보다 이들의 회복과정에서 결정적이었던 것은 주변의 도움 외에도 그들 자신이 적극적으로 사람들과 연결되려 했고 도움을 구했다는 점이다. 이를 통해 스스로 기회를 만들어가고 삶의 전환점을 맞이했다. 어려울 때 도움을 구할 줄 안다는 것 또한 사회성의 발달을 의미한다. 그들은 모두 사람으로 상처받았지만 사람으로 치유했다.

나 자신을 위한 아낌없는 다정함

상처받은 열두 살, 그때 나를 보호해주는 어른은 아무도 없었다. 아니, 더 정확하게는 아무도 없다고 생각했다. 나는 누구에게도 도움을 청하지 않았다. 깨끗한 백지에 삶을 다시 쓰는 것처럼 그저 새로운 곳에서 다시 시작하고 싶었다. 모든 면에서 완벽해져야 아무도 나를 해치지 못할 것 같아서 애쓰며 살았다. 하지만 완벽함은 존재하지 않는 허상일 뿐이었고, 그마저도 나를 지켜주지 못한다는 것을 금세 깨달았다.

그때 정작 나를 구원해준 것은 내 안에 숨어있던 다정함이었다. 다정하기로 마음먹었기 때문에 다정하게 대해주었고 뒤돌아보지 않았다. 거창한 사랑이 아니라 소소하게 다정한 행동을 해주기로 했다. 어디 아프거나 불편한 데는 없는지 몸을 살펴보고 일렁이는 생각과 감정을 그냥 내버려둔 채 지켜보았다. 마음이 욱신거릴 때마다 깨닫지 못하고 지나가버리고 말았는데, 뒤늦게 알아차리고 눈물을 터뜨리는 날도 많았다.

상처받은 사람에게 누가 감히 가해자를 용서해야 한다고 말할 수 있는가? 설사 그것이 마음의 평화를 얻는 좋은 방법이라 할지라도. 나를 아프게 한 사람들을 꼭 용서하지 않아도 된다. 그러나 자기 자신만은 용서해야 한다. 그들과 화해할 필요도 없다. 그러나 자기 자신과는 화해해야 한다. 트라우마를 겪은 사람들이 가장 힘들어하는 것은 가해자를 용서하지 못하는 것보다 그런 일을 막지 못한 자기 자신을 절대로 용서할 수 없다는 생각이다. 그리고 이것은 자기부정, 자기혐오, 자기공격으로 이어지기도 한다. 이때 우리에게 정말 필요한 것은 상처받은 내 마음을 위한 아낌없는 다정함(compassionate-self)이다.

　40대가 된 지금은 담담한 미소와 편안한 목소리로 그때 그 열두 살 소녀의 떨리는 어깨에 두 손을 얹고 볼을 맞대는 상상을 해본다. 그리고 다정하게 말을 건넨다. 지금은 믿을 수 없겠지만 많은 것들이 괜찮아질 거라고. 네가 생각하는 것보다 너는 훨씬 강하고, 죽지 못해 사는 것 같은 이 순간에도 절대 내 손을 놓지 말라고, 끝까지 함께 가주겠다고. 맞은 것만큼만 아파하되 그 이상의 괴로움을 만들지 않아도 된다고. 아픔이 또다시 기다리고 있다 해도 의연하게 맞이할 힘이 있을 거라고. 상처받고 두려워하는 네 모습을 부끄러워하지 말고 아프고 무섭다고 말해도 된다고. 그러면 아이는 내 품에 와락 안겨 목 놓아 울음을 터뜨린다.

　얼마나 울었을까? 흐느낌이 잦아들면 나는 아이의 손을 잡고 일어나 함께 걸어줄 것이다. 보란 듯이 잘살 필요 없이, 그저 네 자신이 보기에 편안한 길을 가면 돼. 너를 싫어할지라도 괴롭힌 것은 그들의 잘못이니 용서하지 않아도 돼. 다만 네 자신은 무조건 너를 용서해야 해. 너를 위해 내가 산과 같은 어른이 되어줄 거란다. 이제는 내가 지켜줄 거야.

나의 '새비재'는 어디인가

사람은 누구에게나 기댈 수 있는 안전지대가 필요하다. 우리는 오늘보다 나은 내일을 소망하며 살아가지만, 상처가 깊은 사람들은 고통의 기억에 발이 묶인 채 과거의 잔해를 맴돌면서 오늘을 살아가곤 한다. 아무리 아파도 마주해야 치유된다고는 하지만, 벼랑 끝 상처의 근원으로 무작정 밀어버린다면 바닥도 보이지 않는 우물처럼 아득한 어둠에 홀로 떨어지는 것처럼 외롭고 두렵지 않을까?

상담실에서는 상처받은 내면의 아이를 만나기 위해서 함께 과거의 우물로 들어간다. 두 발을 딛고 있는 단단한 땅 위에 동아줄로 야무지게 몸을 두른 다음 천천히 내려간다. 이때 우리를 지켜주는 것은, 이제는 혼자가 아니라 누군가가 나의 아픔을 나누는 고통의 목격자가 되어준다는 안도감이다. 또 무섭고 달아나고 싶을 때면 언제든 줄을 타고 되돌아와 발 디딜 땅이 있다는 것, 언제든 위로받을 수 있는 마음의 안전지대가 있다는 사실이다.

나에게도 안전지대가 있다. 외할머니와 단둘이 1년간 강원도 산골 마을 새비재에서 지낸 적이 있었다. 평생을 파먹어도 모자라지 않을 만큼 넉넉하고 행복한 유년의 기억이다. 눈을 감으면 고랭지 밭에 서늘한 초여름 바람이 불어 코끝이 저릿하고, 종일 놀다 어둑해질 즈음이면 할머니의 밥 짓는 냄새가 난다. 계절을 그대로 맞는 새비재에 비가 내리면 신나서 자지러지는 개구리 소리에 침묵하던 산도 호응하듯 온갖 풀 냄새를 풍성하게 뿜어낸다. 간식거리가 귀한 시골에서 할머니 몰래 훔쳐 먹던 콩가루는 혀끝에서 살살 녹고, 아랫목에 누우면 눈도 슬슬 감긴다. 잠결에 내 이마를 짚은 할머니의 거칠한 손의 감촉. 이따금 달그락거리는 틀니 소리, 소박한 밥상에 올라온 봄 냉잇국.

지금 생각해 보면 상처받은 마음이 언제든 돌아갈 수 있는 마음의 안전지대가 있었기에 힘든 시간도 견딜 수 있었던 게 아닐까 싶다. 우리에게는 언제든 돌아갈 수 있는 안전지대가 필요하다. 기댈 수 있는 사랑의 기억이 필요하다. 단 한순간이라도 없었다면 상상이라도 좋다. 여러분의 안전지대는 어디인가? 위로가 필요할 때마다 나는 눈을 감고 긴 숨을 마시며 그 이름을 불러본다. 그 누구도 해치지 않고 품어주는 새비재. 그곳의 밥, 풀, 비, 개구리.

마음이 힘든 때일수록 나 자신과 연결되어야 한다. 내 안의 다정함과 연결되어야 하고 내 안의 안전지대와 연결되어야 한다. 나의 미운 모습과 불편한 감정도 다정하게 바라볼 수 있어야 한다. 그럴수록 사람들과 연결되어야 한다. 지금은 믿지 못할 수도 있지만 이 세상은 소리 없는 응원으로 가득 차 있다. 상처받은 사람은 나 혼자가 아니므로 우리는 함께할 수 있다.

    자, 이제 세상 안으로 들어갈 시간이다.

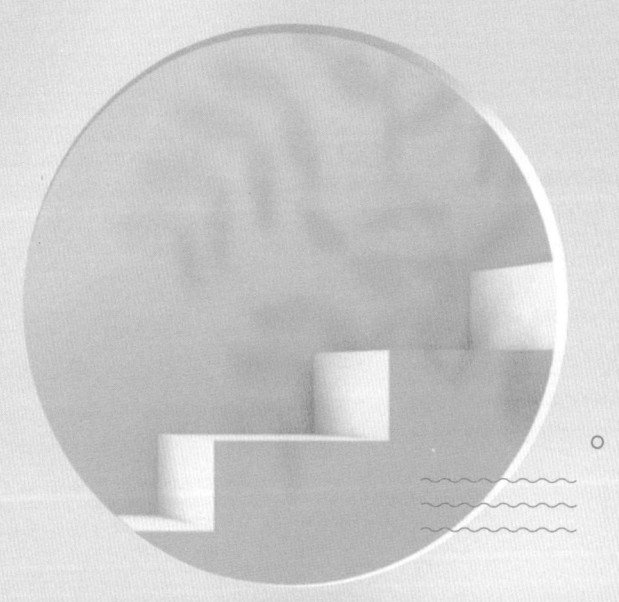

2장

다정함은
약하지 않다

완벽하게 무해한
사람은 없다

아이를 동반한 행사였다. 여섯 살쯤 되는 여자아이가 동양인은 처음 봤는지 나를 힐끔 쳐다보더니 손가락으로 눈을 찢으며 엄마에게 묻는다. "엄마, 저 아줌마는 눈이 왜 이래?" 자기가 한 행동의 의미를 모를 어린아이라 기분이 나쁘진 않았다. 다만 아이 엄마가 당황했는지 내 눈치를 살피며 말했다. "그러는 거 아니야!" 하지만 그 아이의 행동보다 엄마의 반응이 더욱 씁쓸한 감정으로 남는 이유는 무엇일까? 설령 그녀의 의도는 완전히 무해했지만 말이다.

한국에 있을 때 내 아이도 비슷한 일을 저지른 적이 있다. 나는 무속이나 역술을 믿지 않는데, 하도 용하다는 지인의 추천에 호기심이 발동했다. 얼마나 잘 맞히나 보자며 음흉한 심산으로 한번 가보기로 했다. 철학관은 후미진 뒷골목에 있어 나는 아이와 함께 큰길에서 그 역술인을 기다렸다. 마중을 나온 그는 한쪽 얼굴이 안면기형으로 형태가 무너진 데다 레드와인을 쏟은 것처럼 색도 검붉게 얽혀있었다. 나는 속으로 흠칫 놀랐지만 아무렇지도 않은 듯 애써 표정을 감추었다. 철학관에 도착한 후 나는 침착하게 생년월시를 읊었다. 그때 아이가 천진하게 물었다. "엄마, 이 아저씨는 얼굴이 왜 그래?"

순간 정적이 흘렀다. 이 사람은 평생 동안 이런 말을 얼마나 많이 들었을까? 그의 표정은 익숙한 듯했지만 체념이었을 뿐 괜찮다는 의미는 아니었을 것이다. 나는 아이를 향해 태연하게 말했다. "할머니는 다리가 불편하잖아. 엄마도 어깨를 다친 적 있지? 아저씨도 얼굴이 좀 불편한 거야." 아이는 아무런 편견이나 두려움 없이 고개를 끄덕였고, 다행히 끝날 때까지 잠자코 기다려주었다.

역술인의 사주풀이는 맞는 것이 거의 없었다. 적어도 관상은 그의 전문 분야가 아닌 듯했다. 나에게 베트남에서 아무 연고도 없는 한국까지 혼자 시집와서 마음고생이 많겠다고 했으니 말이다. 다만 아이는 바르게 클 거라며 덕담을 아끼지 않으셨지만 이것도 맞는 말인지는 모른다. 하지만 확실한 것은 하나 있었다. 우리가 의도하던 의도하지 않던 완전하게 무해한 사람이 될 수는 없다는 것, 다만 상대를 이해하려고 노력할 뿐이며 솔직한 마음을 표현하면서도 충분히 나의 다정함을 보여줄 수는 있다는 것 말이다.

왜 무해한 사람이 되고 싶은가

인도의 자이나교도들은 철저하게 살생을 금하며 무해한 삶을 지향한다. 각 분파나 개인마다 가리는 것과 조심하는 것들은 제각각이지만, 뿌리채소마저 삼가는 엄격한 채식은 물론이고 '살아있는 물'을 마시지 않도록 끓인 후 '죽은 상태'의 물을 마시기도 하며 심지어 보이지 않는 미물을 무심코 죽이는 일이 없도록 빗자루로 쓸면서 길을 걷는 사람도 있다. 나아가 살아있는 물이 엎질러지면 밟거나 건널 수 없어 하염없이 기다리거나 돌아서 가고, 혹시 입에 벌레가 들어갈 수도 있으니 마스크를 쓰거나 아무것도 걸치지 않은 나체로 다니는 수행자가 있을 정도이다. 물론 이 정도로 불편을 감수하면서까지 선한 의도를 늘 마음에 품고 이를 매 순간 상기하려는 실천은 존경받아 마땅하다. 하지만 현대사회에서 이러한 규율을 모두 지키며 살아가기란 불가능할 뿐더러 이 또한 누군가가 나를 위해 미리 물을 끓여 놓거나 닦아주는 노동과 보살핌 없이는 힘들지 않을까? 만약 우리가 완벽하게 무해한 사람이 되려고 한다면 아마 사회를 떠나야 가능할지도 모른다. 또는 나의 무해한 삶을 위해 누군가가 유해한 일을 대신 해주어야 할 것이다.

    우리가 무해한 사람이 되고자 지나치게 애쓴다면 이 또한 일종의 자기보호 행위가 아닐까? 혹시라도 다른 사람의 감정을 해쳐서 미움을 받거나 해를 입을까 봐 두렵고, 내가 상처받은 것처럼 다른 사람에게 상처를 주는 나쁜 사람이 될까 봐 두렵다면, 그래서 그 누구에게도 조금의 상처도 주지 않으려면, 그야말로 흠잡을 데 없이 완전무결한 사람이 되어야 할 것이다. 이는 우리 내면의 회복탄력성을 의심하고 관계의 기초체력을 믿지 못해 작은 긁힘에도 크게 상처 입고 영원히 헤어나지 못할 거라는 두려움에서 비롯된 것일지도 모른다.

    과연 대인 관계에 있어 완전한 무해함은 가능한 것일까? 어떤 경우라도 상처를 주거나 혹은 받지 않고 해를 끼치거나 해를 입지 않으며 미워하거나 미움받지 않기 위해 우리는 각자의 버블 안에 숨는다. 내가 보고 싶고 듣고 싶고 느끼고 싶고 믿고 싶은 것만 그 안에 가득 쌓아두고서. 가까이하면 서로 미끄러져 버리거나 터지지는 않을까 두려워하면서 닿지 못한다. 그야

말로 '미움받을 용기'를 내지 못하는 것이다. 하지만 우리가 인도의 자이나교도들처럼 살기 어렵듯이 그 누구에게도 무해하게 사는 것 또한 어려운 일이다. 그렇다면 불가능에 도전하면서 스스로를 가두고 웅크린 채 사는 것보다는, 소소한 민폐 정도는 서로 적당히 눈감아주면서 너그럽게 사는 것이 보다 현실적인 대책이 아닐까.

내 방식의 배려는 배려가 아니다

지금의 초등학교가 국민학교라고 불리던 시절, 내가 3학년 때 있었던 일이다. 둘만 낳아 잘 키우자며 산아 제한 캠페인을 할 만큼 출산율이 높았던 때라 한 학년의 반이 12개나 되었고 한 반의 학생 수도 50명이 넘었다. 그래도 학급 수가 모자라 오전반, 오후반을 나누어 운영했다. 그래서인지 선생님의 손길이 미처 닿지 못했던 학생들도 더러 있었는데, 그중 한 아이는 지속적으로 아이들의 괴롭힘을 당하곤 했다. 네다섯 명의 아이들이 쉬는 시간마다 그 아이를 둘러싸고 괴롭혔다. 돌아가며 때리거나 심지어 침을 뱉기도 했다. 목소리가 크고 과격한 소수의 아이들이 이런 분위기를 주도했다. 말리는 아이들도 있었지만 소용없었고 대부분의 아이들은 무관심했다.

　이를 보다 못해 하루는 그 아이를 우리 집으로 데려갔다. 대야에 더운 물을 가득 받아 얼굴을 씻기고 새 옷으로 갈아입힌 후 내가 다니는 음악학원으로 데려갔다. 여덟 살짜리 여자아이에게 친구를 학원에 데려간다는 것은 이제부터 그 아이가 내 친구라는 공식적인 선언과 같았다. 그런데 웬일인지 그 아이는 아무런 반응이 없었다. 심지어 아무 말도 없이 구석에 숨죽인 채 앉아있어 매우 당황스러웠다. 내가 이 정도의 호의를 베풀었는데도 고맙다는 말 한마디 없는 태도가 괘씸하기도 했거니와 우정은커녕 일상적인 대화조차 불가능한 데 대해 실망하여 결국 체념하고 말았다.

　성인이 된 지금 그때의 기억을 되돌아보면 그 아이에게 발달장애가 있었던 것 같다. 주변 사람들의 관심과 보살핌을 받지 못했을 뿐더러 폭력에 길들여져 완전히 무력해진 상태였을지도 모른다. 자신의 세계에서는 다정함이 익숙하지 않아 당황스럽고 두려웠을까? 아무리 좋은 것이라 해도 겪어본 적이 없다면 조심스러웠을 것이다. 겹겹이 상처로 둘러친 마음의 장벽이 너무 두터워 그 안에서 숨고 싶었을 것이다. 용기를 내어 온 힘을 다해 깨고 나가봤자 무엇이 기다리고 있을지 알 수 없고 불확실하므로 익숙한 폭력에 기대어 하루하루 버텼을 것이다.

비록 나의 의도는 다정함과 무해함이었지만 나는 너무 어렸고 몰랐다. 그때 나의 행동이 진심으로 다정함과 무해함에서 비롯된 것인지도 의심스럽다. 그 아이에게 어떤 도움이 필요한지 직접 물어본 적이 없었기 때문이다. 사실 궁금해한 적도 없는 것 같다. 정작 당사자의 마음은 고려하지도 않고 이 아이를 구해주겠다는 영웅 심리에 빠져 자기만족을 하거나 생색을 내려고 한 것은 아닐까? 그렇다면 일방적이었던 나의 배려는 그 아이에게 또 다른 이름의 폭력이었을 것이다.

좋은 의도가 받아들여지지 않는 경험은 누구에게도 유쾌하지 않은 일이다. 사람들은 대체로 자기 자신이 좋은 사람으로 보이길 원한다. 하지만 입장을 바꾸어 내가 원하지도 않던 도움을 주겠다며 일방적으로 충고와 조언을 하는 사람이 있다고 생각해 보면 금세 이해가 될 것이다. 내 딴에는 친절을 베풀었는데 예상치 못한 반응을 하거나 비난으로 되돌아온 일이 있었다면 혹시나 내 방식의 배려는 아니었는지 되돌아볼 필요도 있다. 베푸는 자의 우월한 모습에 도취되어 상대가 원치 않는 배려를 강요한다면 사랑하는 사람의 흐느끼는 뒷모습을 미처 보지 못할 것이다. 나의 다정함이 간섭이 되지 않으려면, 나의 배려가 폭력이 되지 않으려면, 정말 사랑한다면 물어봐야 한다. 그 사람이 편안해지려면 어떤 배려가 필요한지.

나를 온전히
이해해주는 사람

생일파티를 한다고 해서 아이와 런던 근교의 마구간에 간 적이 있었다. 아이는 캐럿(carrot)이라는 조랑말을 탔는데, '당근'이라는 이름답게 주황색 털이 소복했고 낙마를 해도 다치지 않을 만큼 덩치가 작고 깜찍했다. 말 타기 수업이 끝나자 아이들은 우르르 몰려가 캐럿의 몸을 구석구석을 빗질해주었다. 그런데 뒤에서 마구간 벽을 쿵쿵 치는 소리가 들리는 게 아닌가? 관리인은 잔뜩 성난 경주마 스텔라를 가리키며 저렇게 귀를 뒤로 젖힌 말은 절대 건드리면 안 된다며 주의를 주었다. 이럴 때는 아주 '만만하게' 보이는 캐럿도 돌변할 수 있기 때문이다. 그때 나는 작게 탄식하고 말았다. 우리에게도 저런 귀가 달렸다면 얼마나 좋을까? 구구절절 설명할 필요 없이 얼마나 단순하고 분명한가? '기분이 매우 나쁘니 건드리지 마세요'라는 글귀를 이마에 크게 써 붙이고 다니는 것처럼. 그런 시그널을 볼 수 있다면 눈치가 없어 싸움이 벌어질 일도 줄어들 테니 말이다.

감정 소통이 어려운 이유

언어는 정보 전달을 위해서는 매우 효과적이지만 감정 소통에는 오히려 방해가 될 수도 있다. 미국의 심리학자 앨버트 머레이비언(Albert Mehrabian) 교수에 따르면 우리가 감정과 태도를 드러낼 때 고작 7퍼센트 정도만 말로 하고 나머지 38퍼센트는 말투로, 55퍼센트는 얼굴 표정으로 표현한다고 한다. 이는 화자의 감정과 태도가 말의 내용보다 말투나 표정을 통해 더욱 잘 드러난다는 사실을 알려준다. 어찌 보면 우리는 성난 말이 귀를 젖히는 것처럼 이미 미묘한 말투나 표정의 변화를 통해 건드리지 말라고 외치고 있는 것이 아닐까?

하지만 감정 소통에 있어서 언어라는 정교한 도구가 오히려 잡음이 되어 서로의 감정과 태도를 가리거나 숨기기도 한다. 말로는 괜찮다고 하면서 표정과 말투로 상처받은 티를 팍팍 내면, 상반되는 메시지가 상대방을 혼란스럽게 하는 것처럼 말이다. 머레이비언 교수의 연구는 감정 소통에 있어서 '무엇을 말하는가'보다 '어떻게 말하는가'가 더 중요하며, 우리가 수많은 말을 다양한 채널을 통해 쏟아내면서도 정작 자신의 감정과 태도에 대해서는 말로 잘 표현하지 못한다는 것을 가르쳐준다.

그렇다고 해서 말투나 얼굴 표정으로 타인의 속마음을 파헤치려는 독심술 또한 이롭지는 않다. 사회불안장애의 증상에서 살펴보았던 것처럼 독심술은 타인의 부정적인 평가에 대한 걱정과 관계의 두려움에서 비롯되어 상대의 속마음을 낱낱이 파악하여 맞춰주면서 공격을 피하고자 하는 지나친 자기보호 행위다. 이러한 독심술은 오히려 실수나 오해를 조장하여 소통을 방해할 수 있다.

게다가 타인의 속마음을 꿰뚫어보기 위해 지금까지 인류가 기울인 온갖 노력과 기술에도 불구하고 이 같은 시도는 모두 성공하지 못했다. 사회심리학자 데이비드 데스테노(David DeSteno) 교수에 의하면 글씨체로 성격이나 속마음을 파악하려는 여러 시도는 전혀 성과가 없었다. 심장박동의 변화 등 생체반응의 변화로 거짓말을 포착하는 거짓말 탐지기도 스파이와 연쇄살인범을 잡지 못했으며, 오히려 결백한 사람에게 억울한 누명을 씌우기도 했다. 그래서인지 영국에서는 거짓말 탐지기의 결과는 형법상 증거로 채택되지 않는다. 전직 CIA 요원이 쓴 책 때문에 표정, 자세, 시선, 행동 등 비언어적 신호를 분석하여 상대방의 속내를 꿰뚫어보는 방법이 한창 유행하기도 했지만, 이것도 크게 도움이 되진 않을 것이다. 미국 정부가 많은 자금을 투자해서 비언어적 언어로 사회적 위험 요인을 판별하는 프로그램을 개발했지만, 결국 이에 대한 뚜렷한 타당성을 확보하지 못했기 때문이다.

상대의 마음을 파악할 수 있는 능력

17세기 영국의 정치철학자 홉스는 고립은 인간의 적이라고 했다. 그러면서 그는 인간이 사회적 존재로 태어나진 않았기 때문에 사회성은 후천적 학습을 통해 획득하는 것이라고 주장했다. 반면 듀크대학교 교수이자 발달비교 심리학자인 마이클 토마셀로(Michael Tomasello)는 우리에게 마음이론(theory of mind)이라는 특별한 능력이 있다고 주장한다. 마음이론이란 자신과 마찬가지로 타인에게도 마음이라는 것이 있다는 것을 이해하고 그의 마음을 미루어 짐작할 수 있는 능력으로, 사회성과 소통 능력의 기본이라고 할 수 있다. 대인 관계에 있어 소위 '감'과

'촉'이 좋다거나 눈치가 100단이라는 말은 독심술로 상대의 마음을 거울 보듯 훤히 볼 수 있다는 말이 아니라 사회지능의 일종인 마음이론 능력이 잘 발달되어 있다는 뜻으로 이해할 수 있다. 토마셀로 교수는 실험을 통해 아직 말을 하지 못하는 생후 9개월의 아기들조차 마음이론 능력을 가지고 있다는 것을 보여주었다. 우리가 손가락으로 무언가를 가리키면 아기들은 그 의도를 정확하게 파악하여 손가락이 아닌 손가락이 가리키는 곳을 바라본다.

마음이론 능력은 성장을 거치며 보다 정교하게 발달한다. 우리는 눈에 보이거나 확실한 정보를 가지고 눈에 보이지 않거나 불확실한 의미를 어느 정도 추론하고 예측하는 능력을 가지고 있다. 이는 소통 능력에도 적용된다. 똑같은 말이라도 세부 정보와 문맥에 따라 그 말이 가리키는 숨은 의미를 다르게 해석할 수 있다. 우리는 말의 내용뿐만 아니라 이를 표현하는 말투, 표정, 자세, 몸짓과 같이 감각으로 포착할 수 있는 모든 정보를 읽는다. 그리고 상대가 나와 어떤 관계이고 언제 어디서 어떤 방식으로 이런 말이 나왔는지 상황적 맥락을 살필 뿐만 아니라 내가 알고 있는 상대의 평소 행동 패턴이나 전후 사정과 같은 배경과 연결성 또한 살핀다.

우리는 매 순간 이렇게 방대한 정보를 한꺼번에 처리하면서 말 자체가 아니라 말이 가리키는 의미로 마음의 시선이 향한다. 마치 아기가 손가락이 아닌 손가락이 가리키는 방향을 바라보는 것과 같다. 말의 의미를 이해한다는 것은 말이 궁극적으로 가리키는 마음을 헤아려 상대방이 무엇을 생각하고 느끼며 원하는지 읽는 것이다. 마음이론 능력은 함께 살아가는 우리가 서로 소통하고 이해하기 위해 꼭 필요한 사회적 인지 능력이자 문제 해결 능력이다.

일부 과학자들은 마음이론 능력과 같은 사회지능에도 개인적인 편차가 있다고 한다. 이러한 능력은 수학 문제를 빨리 풀거나 악기를 연주하는 것과는 또 다른 별개의 능력일 수 있다고 한다. 그렇다면 한 방면에 뛰어난 사람들이 피나는 노력 이전에 천부적인 재능을 타고나는 것처럼 사회지능 또한 비슷하지 않을까? 이는 소위 '공부 머리'가 좋다고 해서 사회지능이 발달했다고 할 수는 없다는 의미가 된다. 그렇다고 해서 아직 실망하기에는 이르다. 사회지능에 있어 어느 정도가 선천적인지 후천적인지는 정확히 알 수 없지만, 인간은 생존을 위해 사회를 이루어 살아가도록 설계되어 있기 때문에 특수한 경우를 제외한 대부분의 사람들은 마음이론 능력을 어느 정도 타고난다. 개인적인 편차를 감안하더라도 자신이 이미 가진 사회지능을 최대치로 끌어올리는 방법도 있다.

반면 타고난 사회지능을 제대로 발휘하지 못하도록 방해하는 걸림돌도 있다. 아무리 소질이 있어도 연습 없이는 이를 발휘하지 못하며 중간치의 소질을 타고났어도 연습을 통해 더 높은 수준에 이를 수 있는 것처럼 말이다.

때로는 노력만으로도 충분하다

우리가 마음이론 능력을 타고났다고 해서 과신은 금물이다. 아무리 '촉'이 발달한 사람이라도 타인의 마음을 짐작하는 능력은 결국 자기 방식의 짐작일 뿐이고, 아무리 숨은 의미를 잘 읽어낸다 하더라도 자기 방식의 해석과 의미 부여를 벗어날 수 없다. 우리는 누구나 자기중심성의 한계를 가지고 있기 때문이다. 아무리 뛰어난 사람이라도 실수하는 순간은 찾아온다. 같은 동작을 몇만 번이나 연습하는 세계 최고의 피겨 스케이트 선수도 결정적인 순간에 미끄러질 수 있는 것처럼 말이다.

발달심리학자들은 상대방의 의도를 파악하여 손가락이 아닌 손가락이 가리키는 방향을 바라보는 정도의 마음이론 능력은 아직 돌이 되지 않은 아기도 갖추고 있지만, 상대방의 마음속에 있는 생각과 감정, 욕구를 읽고 그가 어떤 행동을 취할지 예측하여 자신이 어떻게 대응할지를 결정하는 수준의 마음이론 능력은 생후 4~5년 안에 발달한다고 한다. 이쯤에는 다른 사람들이 자신과 다른 신념을 가지고 있으며, 그 신념이 틀릴 수도 있다는 것까지 인지할 수 있다. 그러나 보다 정교한 마음이론 능력은 성인이 된 이후까지 이어지며 생각보다 오랜 발달과정을 거친다.

사춘기의 뇌를 연구하는 옥스퍼드대학교의 세라 제인 블레이크모어(Sarah Jayne Blakemore) 교수에 따르면 널리 알려진 바와 달리 인간의 뇌가 성격 형성의 결정적인 시기라고 할 수 있는 초기 유년기에 뚝딱 완성되어 평생 동안 가는 것은 아니라고 한다. 특히 자기중심성을 벗어나 관점의 차이를 이해하는 조망수용 능력(perspective-taking ability)은 10대 후반까지도 여전히 미성숙한 상태이며 20대 중반이 되어서야 비로소 완성된다고 한다. 이는 자제력이 발달하고 성숙하는 시기와 비슷하다. 놀랍지 않은가? 복잡한 수학 문제도 척척 푸는 고등학생이 사회지능에 있어서는 아직 미숙하다니.

블레이크모어 교수와 연구진은 조망수용 능력의 발달 과정을 실험하기 위해 만 7세부터 27세까지의 여성 참가자 177명을 연령별로 5개 그룹으로 나누었다. 각 그룹은 한국식으로 표현하자면 초등 저학년, 초등 고학년, 중학생, 고등학생, 그리고 성인 그룹이며, 컴퓨터를 사용하여 과제를 수행한다. 모니터 속에는 가로세로 네 칸씩 총 16개의 칸으로 이루어진 가상의 선반이 있고, 칸마다 색깔과 모양이 다양한 사물이 하나씩 놓여 있다. 이때 어떤 칸은 앞뒤가 모두 뚫려있고 어떤 칸은 앞은 뚫려있지만 뒤가 막혀있다. 참가자들은 책장 뒤에 있는 가상의 지시자가 지시하는 대로 사물을 옮겨야 한다. 이때 실험 참가자들은 선반을 앞에서 바라보게 되므로 칸마다 놓인 모든 사물들을 볼 수 있지만 선반 뒤에서 지시하는 가상의 지시자는 뒤가 가로막힌 칸에 놓인 사물들은 볼 수 없다. 이 실험에서 참가자들은 지시자가 볼 수 있는 시야의 한계를 감안하여 그의 지시에 따라야 한다. 가령 앞뒤가 모두 뚫린 칸과 뒤가 막혀 있는 칸에 각각 공이 놓여있고 가상의 지시자가 '공을 왼쪽으로 옮기시오'라는 지시를 할 경우, 2개의 공 가운데 지시자가 볼 수 없는 공이 아닌 볼 수 있는 공을 옮겨야 한다. 즉, 자기중심적 관점을 억제하고 타인의 관점을 고려해야 하는 것이다.

 결과는 어땠을까? 아무런 문제가 없는 건강한 성인 참가자들도 지시자의 관점을 고려하여 지시사항을 행동으로 옮기는 데 있어 절반이나 정답을 맞히지 못했다. 생각보다 저조한 성적에 놀랄 수도 있지만 그나마 연령이 올라갈수록 우수한 결과를 보인 것이다. 초등 저학년은 약 77퍼센트, 초등 고학년은 69퍼센트, 중학생은 70퍼센트, 고등학생은 61퍼센트의 오답률을 보이며 성인이 될 때까지 지속적으로 조망수용 능력이 발달하는 과정을 거친다. 흥미로운 점은 다양한 연령대에 걸쳐 지시자가 가지는 관점의 한계를 이해는 했지만 지시 사항을 해석하고 행동으로 옮기는 것까지는 연령대별 차이를 보인다는 것이다. 또한 같은 연령대마다 그룹 안에서도 평균보다 정답률이 높은 사람과 낮은 사람이 있어 개인차를 보이긴 하지만 청소년기에 그 폭이 더욱 크다는 점이다.

두 번째 과제는 가상의 지시자가 없는 상태에서 텍스트나 음성으로 제공되는 지시사항을 수행하는 과제였다. 타인의 관점을 감안할 필요 없이 자신의 관점으로 눈에 보이는 모든 물체 중에서 선택하면 되는데, 가상의 지시자가 있는 조건에 비해 이 과제의 정답률은 전 연령대에 걸쳐 훨씬 높았다. 이를 통해 타인의 관점을 고려하지 않고 단순히 규칙을 이해하고 수행하는 능력은 중학생이 되면 이미 성숙기에 들어 고등학생이 되면 성인의 능력과 별반 차이가 없어진다는 사실을 확인할 수 있다.

이 결과는 타인의 관점을 이해하는 능력이 생각보다 천천히 발달한다는 것을 의미한다. 놀랍게도 절반에 가까운 확률로 우리는 성인이 될 때까지 나와 다른 상황에 처한 사람들이 나와 다른 것을 본다는 이해 수준에 이르지 못한다. 그렇다면 나와 다른 배경에서 나와 다른 경험을 하고 나와 다른 가치관을 형성한 타인이 아무리 같은 상황에 처하더라도 다른 생각과 감정, 욕구를 가질 수 있다는 깊은 이해와 공감의 수준에 이르기까지는 얼마나 더 오랜 시간이 걸리는 걸까? 그러니 물리적 관점의 차이를 넘어 정신적 관점의 차이를 이해하는 것은 평생의 과제인지도 모른다.

우리는 기본적으로 마음이론 능력을 어느 정도 갖추고 있으며 소통을 위해 다양하고 정교한 도구를 활용하는 고도의 사회적 동물이다. 하지만 결국 자기중심성의 한계를 벗어날 수 없고, 타인의 관점을 이해하는 능력은 생각보다 불완전한 데다 오랜 발달 과정을 거친다. 이에 더해 소통을 교란시키는 무수한 잡음 또한 존재한다. 특히 오늘날 현대인의 소통 방식은 이러한 한계를 극복하는 것보다 오히려 강화시키는 듯하다. 이제 우리는 기술의 발달로 언제 어디서든 활발하게 소통이 가능한 시대에 살고 있다. 그러나 일방통행과 고립을 부추기는 소통 방식으로 관점의 차이를 이해하기보다 자신의 관점에 갇혀버리는 방향으로 나아가고 있지는 않은가?

안타깝게도 우리는 서로의 세계를 온전히 이해할 수 없다. 심지어 나 자신의 마음조차 헷갈릴 때나 착각할 때가 있으니 말이다. 사람들이 나를 이해해주지 못해 답답하고 외로울 때도 있지만, 어차피 이 세상에 나를 온전히 이해해주는 사람은 없고 나 또한 타인을 온전히 이해할 수 없다. 마치 각자의 우물 속에서 세상을 바라보는 것처럼. 우리는 이러한 한계를 인정할 필요가 있다. 그럼에도 불구하고 자신만의 관점 안에 갇혀 햇빛도 닿지 않는 가상세계에 완전히 빠져버리지 않으려면 다른 사람과 바깥 세상에 연결된 밧줄을 단단히 둘러메고 언제든 우물 밖으로 고개를 내밀 준비도 되어있어야 한다. 잔바람에도 출렁이는 마음에 때때로 흙탕물이 튀는 날도 있지만, 언젠가는 잔잔하게 서로의 마음을 비추어볼 수 있다고 믿고 호기심과 다정함의 손길을 내밀어야 한다.

    때로는 서로의 관점을 이해하려는 노력만으로도 충분할 때가 있다. 나는 네가 될 수 없고, 너도 내가 될 수 없다. 그러나 우리는 만날 수 있다.

친구가 되는 데
걸리는 시간

소통학을 연구하는 캔자스대학교의 제프리 홀(Jeffery Hall) 교수는 친구 관계를 4가지 단계로 나누었다. 첫째, '아는 사이', 둘째, '가벼운 친구 사이', 셋째, '친구 사이', 넷째, '절친한 사이'가 그것이다. 흥미롭게도 그는 두 차례의 연구를 통해 친구가 되는 데 걸리는 시간을 측정해 보았고, 특히 관계가 한 단계에서 다음 단계로 발전하는 데 걸리는 시간을 살펴보았다. 이때 함께 보내는 시간이란 수업을 듣거나 업무를 같이 하는 시간이 아니라 함께 어울리며 농담을 즐기고 게임을 하는 것과 같이 친교 활동을 함께하는 시간을 말한다.

6개월 이내에 새로 이사한 성인 355명을 상대로 한 첫 번째 연구에 따르면 아는 사이에서 가벼운 친구 사이가 되는 데 약 50시간이 걸리는데, 이 단계에서 함께 보내는 시간이 10시간 늘어날 때마다 친구가 될 확률은 3.9퍼센트씩 늘어난다고 한다. 다음 단계인 가벼운 친구 사이에서 친구 사이가 되는 데는 90시간, 그리고 친구 사이가 절친한 사이가 되려면 약 200시간이 필요하다.

두 번째 실험에서는 대학생들에게 개학 이후 최근 2주 동안 만난 사람 두 명을 고르게 한 후 각각 4주와 7주 후에 친구 관계의 변화를 추적했다. 이때도 각 단계별로 비슷한 시간이 걸렸는데, 특히 흥미로운 부분은 만난 지 첫 3주 동안 43시간 이상을 함께 보낼 경우 지인에서 가벼운 친구 이상으로 관계가 발전할 확률이 50퍼센트를 넘었다는 것이다. 즉, 관계 초기에 집중적으로 시간을 투자하는 것이 관계를 진전시키는 데 효과적이라고 할 수 있다. 두 연구 결과에서 관계가 급속도로 발전하는 도약의 지점을 비교해 보면, 대학 신입생의 경우 첫 3주 동안 보낸 57시간이었고 성인의 경우에는 3개월 이내에 보낸 164시간이었다. 절친 사이로 발전하기 위해서는 각자의 삶이 있는 성인의 경우 3개월간 219시간이 필요했지만 아직 일과 연애보다 친구 관계의 중요성이 큰 시기에 많은 시간을 함께 보낼 수 있는 대학생은 3주라는 압축된 기간 동안 119시간이 걸렸다.

연구진은 이를 종합하여 3주에 걸쳐 126~160시간을 보낼 경우 절친 사이가 될 수 있지만, 현실적으로는 6개월 동안 200시간이 필요해 보인다고 분석했다. 이는 직장, 결혼, 자녀 양육과 부양 등의 의무를 지닌 사회인의 팍팍한 삶을 고려했을 때 꽤 많은 시간을 투자해야 한다는 의미가 된다. 어른이 되고 나서는 친구를 사귀기 힘들다는 말을 흔히 한다. 여기에는 여러 요인이 있겠지만 그중 하나는 사회에서 친구를 사귀기 위해서는 긴 호흡에 걸쳐 많은 시간을 투자해야 하는데, 우리에게는 그럴 만한 여유가 없어서가 아닐까? 그로 인해 인간이 감당할 수 있는 관계의 범위에는 한계가 있다는 주장에도 힘이 실린다. 특히 양적 관계가 아니라 질적 유대 관계를 유지하려면 말이다. 이처럼 의미 있는 친구 관계를 유지하기 위해서는 생각보다 많은 시간을 투자해야 하기 때문에 소셜 미디어 1,000명의 폴로어 모두와 친구가 되기란 불가능에 가까워 보인다.

오늘날 우리의 소통이 힘들어진 이유

영국의 인류학자 로빈 던바(Robin Dunbar)는 1992년에 발표한 영장류의 뇌 연구에서 이성적 사고를 담당하는 대뇌 영역인 신피질의 크기가 클수록 친밀한 사회적 관계를 맺는 대상의 수도 늘어나며, 이를 바탕으로 추론했을 때 한 사람이 실제로 의미 있게 유지할 수 있는 사회적 관계의 최대치는 150명 정도라고 주장했다. 이를 '던바의 수'라고 한다. 아무리 사교성이 뛰어난 사람이라도 이 규칙을 크게 벗어나지 않는데, 실제로 뉴기니나 그린랜드의 원시부족은 마을 규모가 평균 150명으로 구성되어 있으며, 효과적인 조직 체계를 유지하고 집단 유대감을 느끼는 전투 부대의 규모 또한 150명 안팎이라고 한다.

 던바의 수는 신피질의 크기와 관계의 수의 상관관계를 전제하고 있고 추후 많은 연구에서 이를 반박하는 결과가 나온 까닭에 아직까지도 논란의 여지가 많다. 다만 시간과 자원의 한계 때문에 관계의 양이 늘어나면 관계의 질에 신경 쓸 여력이 줄어든다는 것은 상식적으로 이해할 만하다.

 tvN 예능프로그램 〈유퀴즈〉에 출연했을 때 이런 질문을 받았다. 과학기술의 발달 덕분에 우리는 언제 어디서나 소통할 수 있는 도구가 많아졌는데, 소통이 더 힘들어진 이유는 무엇일까? 페이스북이 인기를 얻기 시작한 초기부터 이루어진 여러 연구는 사회불안장애가 계속 증가하는 추세이며 소셜 미디어의 사용과 온라인 소통의 접근성, 온라인상의 존재감이 높아질수록 사회불안 수치가 높아질 수 있다고 밝혔다. 그 이유가 정확히 무엇이고 어떻게 작용하는지는 아직 명확히 밝혀진 바는 없다. 다만 이러한 연구 결과는 결국 소통의 도구가 발달하는데도 불구하고 오히려 소통이 더욱 어려워진 것 같다는 질문의 전제가 단지 '개인적인 느낌'이 아니라 실제 우리가 마주하는 현상일 수 있다는 것을 확인시켜준다.

이를 설명하는 가설은 다양할 테지만, 그중 첫 번째는 제프리 홀 교수의 연구와 맞닿아 있다. 우리가 친교 활동을 함께하고 교감하는 데 충분히 시간을 쓰지 못하기 때문이다. 친구가 되기 위해서는 생각보다 많은 시간을 투자해야 하는데 바쁘다는 이유로 관계가 숙성될 때까지 기다려주기 힘들다. 직접 만나 함께 보내는 시간을 문자 한 줄이나 피드로 간편하게 대체하기도 한다. 물론 온라인 소통이 주는 적당한 '거리감'이 직접 대면할 때의 불편함을 줄여주고 보다 쉽게 소통을 통제할 수 있다는 이점도 있다. 하지만 동시에 비대면 소통이 대면 소통을 대체하면서 더욱 안으로 숨게 되어 고립을 부채질한다는 부작용도 발생한다.

생활 반경이 넓어져 가까운 사람들이 도보 10분 거리에 사는 경우도 적고 공동체 의식이 약해져 이웃 간 교류도 적어졌다. 시간과 자원의 한계로 인해 소셜 미디어 '친구'에게 이러한 시간과 노력을 투자하기란 현실적으로 어렵다. 홀 교수의 연구에 따르면 친구 목록에 있는 사람들은 대부분 '아는 사이'나 완전히 낯선 사람일 확률이 크다.

두 번째로 소셜 미디어상의 관계는 질보다 양에 치중하기 때문이다. 따라서 각자에게 돌아가는 시간과 노력이 적을 수밖에 없고, 적당한 수의 관계를 질적으로 숙성하기보다 감당하기 힘들 정도로 불어가는 네트워크 양을 '관리'하는 것에 초점을 맞추게 된다. 즉, 누구의 어떤 관심인지보다 관심의 양이 더 중요한 것이다.

세 번째 이유는 플랫폼 형식에 따라 소셜 미디어상의 소통 내용이 상당 부분 결정되기 때문이다. 이는 20세기 미국의 미술 평론가인 수전 손택(Susan Sontag)이 예술 작품의 해석에 있어 '형식이 내용이고 스타일이 메시지'라고 한 것과 일맥상통한다. 쉽게 풀어보자면, 소통에 있어 어떻게 말하는지가 곧 무엇을 말하는지가 되고, 화자의 태도가 화자가 전달하려는 메시지라고 할 수 있다는 것이다. 온라인에서는 정제하지 않은 날것의 생각과 감정, 욕망이 브레이크 없이 충동적으로 전시되기 쉽다.

이는 플랫폼의 구조적 특성에 따라 달라지기도 한다. 저녁 식사 자리에 초대받았다고 상상해 보자. 당신의 왼쪽에 앉은 사람은 '나 멋있지? 내 취향 멋있지?'라는 메시지를 전달하기 위해 이미지를 연출하고 관리하며 포즈만 취하고, 오른쪽에 앉은 사람은 시시각각 충동적으로 반응하면서 필터 없이 말을 쏟아내며 이를 널리 퍼뜨리라고 부추긴다면 어떨까? 일방적으로 추켜세우거나 맞장구치며 말을 옮겨주지 않는 이상 남의 말에는 조금도 관심이 없다면? 또 당신의 앞에 앉은 사람은 식사 내내 혼자서 강연을 하고, 대각선에 앉은 사람은 스포트라이트를 한 몸에 받지만 1분 이상 대화를 이어가지는 못하고 짧고 강렬한 이미지를 남긴 채 신화처럼 사라진다. 어떤가, 너무 끔찍한 자리처럼 여겨지는가?

자, 당신의 왼쪽에 앉은 사람의 이름은 '인스타그램'이고, 오른쪽에 앉은 사람은 본명은 '트위터'지만 지금은 '엑스'라고 개명한 사람이다. 앞에 앉은 사람은 '유튜브'라고 하며, 대각선에 앉은 사람은 '틱톡'이라고 한다. 이러한 플랫폼은 식사 자리에 함께 앉아 소통하고 있다는 착각을 일으키기 쉽지만, 결국 각자의 동굴에서 혼자만의 목소리가 메아리쳐 울리는 것과 같다.

미국 코넬대학교 정보과학 교수 모르 나먼(Mor Naaman)은 2010년 350명의 트위터 이용자를 대상으로 한 연구를 통해 트위터 이용자를 크게 정보공유 그룹과 자기노출 그룹, 2개의 카테고리로 나누었다. 연구 결과 무려 80퍼센트나 되는 이용자가 정보를 공유하기보다 주로 자기 자신에 대한 게시글을 올리는 후자에 속했다. 소수의 정보공유 그룹에 비해 대부분을 차지하는 자기노출 그룹은 트위터에 글을 더 자주 올렸지만 타인과의 교류나 쌍방 소통을 하는 경향은 덜 했고 주제의 범위도 좁은 편이었다. 연구진이 일인당 10여개씩 무작위로 뽑은 3,373개의 게시물 역시 80퍼센트에 육박하는 수치가 자기 자신에 관한 내용이었다.

이렇듯 오늘날 소통의 도구는 끊임없이 자신에 대해 이야기하며 쾌락 회로를 자극하고, 상대방의 관점을 고려할 필요 없이 관심과 인정을 받으려는 자기중심성을 강화하며, 모두의 '연예인화'로 자신을 상품화시키기 위해 자기 전시 효과를 고조시키는 일방적인 방식으로 설계되어 있다. 결국 우리는 수많은 사람들과 말에 둘러싸인 성벽 안에 갇힌 채 타인에게 이해받거나 서로 연결되어 있다고 느끼지 못한다.

말이 잘 통하는 사람이란

'남편은 말이 안 통해요.' '부모님과 대화가 안 돼요.' '자녀와 소통하는 게 어려워요.' 가장 가깝고 잘 통할 것 같은 가족 안에서도 이런 고민은 수없이 나타난다. 그렇다면 말이 잘 통한다는 것은 도대체 무슨 뜻일까? 세계 최고의 달변가를 만나 한 시간 내내 웃다가 왔다고 해서 그 사람과 말이 잘 통한다고 할 수 있을까? 그렇지는 않다. 그 이유는 우리가 개그 콘서트를 보거나 강의를 들으러 간 것이 아니라 대화를 하러 간 것이기 때문이다. 대화를 할 때 말이 잘 통한다는 것은 탁구공이 양쪽을 왔다 갔다 하며 말 그대로 '핑퐁' 하듯 말이 원활하게 오고 가는 것을 뜻한다. 그러나 더욱 정확하게 말하자면 '상대방이 내 말을 더 잘 들어줄 때' 우리는 말이 잘 통한다고 느낀다. 결국 말이 통하지 않는다고 느끼는 가장 큰 이유는 대개 상대방이 내 말을 들어주지 않아서일 확률이 높다.

일반적으로 사람들은 들어주는 것보다 말하는 것을 좋아한다. 여러 연구에 따르면 우리가 대화를 할 때 자기 자신에 대해 이야기하는 비율이 평균 60퍼센트 정도 되는데, 소셜 미디어상에서는 이 수치가 무려 80퍼센트로 껑충 뛴다고 한다. 그렇다면 왜 이렇게 우리는 자신에 대해서 말하고 싶어 하는 걸까? 그 이유는 아주 단순하다. 기분이 좋아지기 때문이다.

하버드대학교의 다이애나 타미르(Diana Tamir) 교수와 연구진에 따르면, 자기 이야기를 하는 것은 만족스러운 성관계를 하거나 맛있는 음식을 먹을 때처럼 쾌락을 느끼는 뇌의 보상 체계를 자극한다. 즉, 식욕이나 성욕처럼 우리는 자기 이야기를 하고 싶어 하는 욕구를 본능적으로 느낀다. 중독과도 관련 있는 측좌핵(側坐核)이라는 뇌의 부위가 자극을 받으면 쾌감과 더불어 이를 계속 추구하고자 하는 강한 동기를 느낀다. 따라서 다른 중요하거나 흥미로운 주제가 있더라도, 상대방이 그다지 궁금해하지 않더라도, 우리는 자기 이야기를 하고 싶어 한다.

그렇다면 우리가 자기 말을 하기 위해 돈을 포기할 수도 있을까? 이 연구에 따르면 사람들이 평균 17퍼센트 정도의 잠재적인 금전 이득까지 기꺼이 포기할 정도라고 한다. 만약 주변에 한 시간 내내 자기 말만 하는 사람이 있다면 그는 소위 '도파민 터지는' 본능적 욕구에 아주 충실한 사람이라고 할 수 있다.

이를 살짝 비틀어 보면, 만나자고 해놓고 자기 말만 늘어놓는 것은 둘이 같이 먹자고 주문한 음식을 혼자서 다 먹어버리는 경우와 비슷하지 않을까? 만날 때마다 이런 일이 반복되고, 특히 허기진 상태라면 상대방은 불편함을 너머 인내심의 한계를 느낄 수 있다. 사람을 불러놓고 혼자 먹지 않는 것처럼, 대화도 함께하는 것이다. 그렇다면 마주 앉은 사람에게 슬며시 고기 한 점 더 올려주는 것처럼 상대방의 말을 조금 더 들어준다면 잘 통하는 대화를 할 수 있지 않을까?

반대로 내가 만나는 사람이 대화의 시간을 함께 나누지 않고 혼자 먹는 경우에는 어떻게 대응하는 것이 좋을까? 나중에 상대방에게 고기 한 점 더 얹어줄 때 주더라도 일단 각자의 그릇에 따로 담아 먹는 방법이 있다. 자신의 마음 상태와 욕구를 살펴서 서로 발언의 분량을 대략 설정해두고 이를 상대방에게 알려주는 '경계선 설정하기' 또한 좋은 방법이다. 가령 "나도 요즘 고민거리가 있어서", "나도 할 이야기가 있어서"와 같은 표현으로 발언 의사를 밝히고, "30분 정도는 들어줄 수 있어", "네 얘기 먼저 30분 정도 하고 나도 얘기할게" 등으로 자신이 감당할 수 있는 분량을 미리 알려 상대방의 기대치를 조절한다.

상대방의 말이 과도하게 이어질 때 적절하게 끊어주는 방법도 있는데, 마치 사회자가 토크쇼를 진행하는 것처럼 쉼표 구간에서 잠시 중간 요약을 해주고 이 틈을 활용하여 들어가는 것이다. 이때 자연스럽게 다른 화제로 흐름을 전환하거나 자신의 말을 이어간다. 하지만 상대방이 배고프거나 식욕이 잔뜩 오른 상태일 때는 자신의 욕구에 몰두해 이러한 시그널을 알아채지 못하는 경우도 많다. 이때 사정상 들어주고 싶거나 들어줄 마음의 여유가 있으면 그렇게 하면 된다. 다만 자기 자신도 마음이 허기지고 공감 피로를 느끼는 상태일 때는 일방적으로 들어주기가 쉽지 않다. 이럴 때는 꾹꾹 참다가 화를 내거나 관계를 끊어버리는 것보다 태도는 부드러우면서도 내용은 분명하게 감정과 욕구를 전달하는 것이 필요하다. "정말 힘들겠구나. 더 들어주고는 싶은데, 나도 오늘은 회사 일로 피곤해서 마음의 여유가 없네" 혹은 "정말 좋은 일이구나. 나도 축하해주고 싶은데, 내가 요즘 고민이 많아서" 등으로 나의 사정이나 감정 상태를 설명한다. 그런 다음 들어주기만 하는 일방적인 대화를 지속하고 싶지 않거나 자신도 이야기를 들어줄 사람이 필요하다면 이러한 자신의 욕구를 잘 파악하여 전달한다. "어쩌지? 지금은 나도 들어주기는 힘든데. (상황이 정리되면 일주일 후에 다시 이야기하는 게 어때?)" 또는 "나도 고민을 들어줄 사람이 필요해서"와 같은 표현이 있다.

이렇게 경계를 설정하고 상대의 기대치를 조절해주는 것은 일종의 거절의 의사 표현이다. 뒤에 나올 4장의 '거절에도 방법이 있다'에서 알려주는 세 가지 거절법이나 '내용은 단호하게, 태도는 다정하게'의 내용을 살펴보고 자신만의 대응 레시피를 만들면 더욱 도움이 될 것이다.

다정한
말하기의 힘

학부모 모임을 가거나 엘리베이터에서 이웃을 마주칠 때, 혹은 회사에서 단체로 회식을 할 때 무슨 이야기를 해야 할지 몰라 어색하고 불편한 적이 있었을 것이다. 너무 멀지도 가깝지도 않은 애매한 관계에서는 공통의 관심사를 찾기 쉽지 않고, 서로의 경계선을 분명히 파악하지 못한 상태에서 얼마만큼 움직이면 금을 밟게 될지 몰라 조심스러울 수 있다. 이때 유용한 소통 방식이 '다정한 말하기'다. 앞에서 설명했듯이, 사람들은 자기 이야기를 하는 것을 좋아하고 상대가 내 말을 잘 들어줄 때 말이 잘 통한다고 느낀다. 그런데 아직 서로에 대해 잘 알지 못하는 어색한 자리에서 서로 자기 얘기만 한다면 분위기는 더욱 경직되고 불편해질 것이다. 그렇다고 상대의 이야기를 듣겠다는 마음으로 사적인 질문을 마구 던지기도 조심스럽다. 따라서 상대가 너무 부담스럽지 않게 말할 수 있으면서 나도 편하게 들을 수 있는 이야깃거리가 필요하다. 대표적인 게 '스몰토크'다.

가볍고 편안하게, 스몰토크의 비결

스몰토크는 인사하듯 가볍게 나누는 대화를 말하는데, 날씨에 대한 대화가 대표적이라고 할 수 있다. 번역하자면 잡담이라고 할 수 있는 스몰토크는 소소하고 다소 영양가 없어 보일 수도 있지만 실은 매우 유용한 사교 기술이다. 자신의 자금 사정이나 가족 간의 문제, 과거 연애담 등 지나치게 사적인 문제를 노출할 필요가 없고, 설익은 관계에서 속 깊은 이야기를 하지 않아도 되며, 논란에 휘말리거나 충돌하지 않고도 적당하고 안전하게 친밀감을 나눌 수 있기 때문이다.

    스몰토크의 목적은 대화의 내용보다 친밀감을 나누는 행위 자체에 있다. 스몰토크를 하려면 훌륭한 말솜씨로 대화를 주도해야 할 것 같지만 전혀 그렇지 않다. 흔히 말해 '리액션'이 좋다는 말처럼 잘 들어주고 잘 받아주기만 해도 충분하다. 말이 잘 통하는 사람이 되려면 잘 들어주면 되고, 관심을 받으려면 관심을 보이면 되고, 재미있는 사람이 되려면 재미있게 들어주면 된다. 스몰토크의 비결은 말하기보다 듣기에 있고, 적절하게 되받아주는 것이 핵심이다. 즉, '나의 이야기'를 쏟아내려는 욕심을 잠시 접어두고 '상대의 이야기'를 듣겠다는 다정함이 필요하다.

애매한 관계에서 어색하게 침묵하거나 무슨 말을 해야 할지 몰라 힘겨웠던 적이 있다면, 분위기를 책임져야 한다는 압박감에 이런저런 말을 많이 하게 된다면, 그러다 실언을 한 건 아닌가 걱정하고 후회하는 일이 있었다면, 스몰토크의 세 가지 비결을 배워보자.

첫 번째 비결은 '판 깔아주기'다. 판 깔아주기의 기본형은 단순한 추임새로 받아주면서 대화가 계속 이어질 수 있도록 반응하는 것이다. 예컨대, '그래', '그랬구나', '그렇군요' 같은 말로 관심을 보이며 잘 듣고 있다는 메시지를 전달한다. '그래서?', '그다음은?' 등 다음을 묻는 추임새도 효과적이다. 때때로 고개를 끄덕이거나 적절한 눈 맞춤을 하는 등 메시지와 일관되는 제스처를 취하면 더욱 효과적이다.

두 번째는 '감정선 잡기'다. 대화의 판이 깔리고 나서 분위기와 몰입감을 더하고 싶다면 감정선을 잡아준다. 가령 가슴 아픈 이야기를 들을 때 '슬프다'라는 말로 자신의 감정을 표현하면서 이에 걸맞은 표정이나 감탄사를 더하거나 '슬펐겠다' 하며 상대의 감정을 읽어준다. 나의 감정을 표현해주면 마치 내 일처럼 중요하게 생각하며 공감하고 있다는 메시지가 되고, 상대방의 감정을 읽어주면 상대의 마음을 충분히 이해하고 있다는 메시지를 전달할 수 있다. 이렇게 서로의 감정이 오고 갈 때 우리는 비로소 함께 연결되어 있다고 느끼며 대화에 깊이를 더할 수 있다. 이때 과도하게 감정을 이입하여 자기 이야기에 빠지지 않도록 감정선을 조절하면서 되받아준다.

마지막으로 대화를 더욱 풍성하게 이어가고 싶다면, '요약하고 질문하기'를 덧붙여도 좋다. 이는 상대의 말을 충분히 듣다가 쉼표를 두는 구간에서 잠시 중간 요약으로 대화 내용을 정리해준 뒤 질문을 덧붙이는 것을 말한다. 가령 '나는 이렇게 이해했어/들었어' 하고 요약한 다음 특정 포인트를 짚어 구체적으로 질문한다. '이 부분이 궁금한데, 넌 어떻게 생각해?/넌 어떻게 느꼈어?/이런 건 어때?' 같은 표현이다. 이는 들리는 대로 반응하는 수동적인 자세가 아니라 적극적으로 듣는 기술이며, 상대가 전달하고자 하는 메시지의 본질을 이해하는 과정이다.

요약하기를 활용하면 대화를 정리하면서 풀어가기 때문에 효과적이고 분명한 소통을 할 수 있고, 자신의 주관적인 이해와 해석이 맞는지 상대방과 함께 확인하고 점검하면서 오해를 방지할 수 있다. 질문하기를 통해서는 새로운 정보와 관점을 발견할 수 있을 뿐만 아니라 적극적인 관심을 표현하면서 상대방을 존중한다는 느낌을 줄 수 있다.

다정한 말하기를 강화하는 두 가지

다정한 말하기에 감칠맛을 더하기 위해서 두 가지 양념을 추가할 수 있다. 바로 공통점의 발견과 칭찬이다. 공통점의 발견은 상대의 마음에 접속할 수 있는 연결고리를 찾는 것이고, 칭찬은 서로를 끌어당기는 자석이자 단단히 붙여주는 풀의 역할을 한다. 호감 가는 사람을 '끌린다'라 하고 사교적인 사람을 가리켜 '붙임성이 좋다'라 하는 것은 두 가지 양념의 묘미를 잘 표현한다.

친밀감을 위한 대화에서 가장 중요한 것은 대화에 참여한 사람들이 공유할 수 있는 지점을 발견하는 것이다. 전통적으로 활용했던 학연, 지연, 혈연 외에도 등산, 영화, 수집, 여행, 캠핑, 스포츠 등 어떤 취미나 관심사도 서로를 이어주는 연결고리가 될 수 있다. 비슷한 점을 발견했을 때 사람들은 서로를 더욱 가깝게 느끼므로 이를 잘 포착하여 대화의 소재로 삼는다.

공통점으로 연결고리를 찾았다면 이제 끌어당기고 붙여주는 칭찬으로 친밀감을 더한다. 칭찬은 상대를 존중하고 인정해주는 선물 같은 말이다. 같은 선물이라도 성의와 섬세함이 느껴질 때 더욱 감동을 주는 것처럼 단순하게 '좋다'라는 칭찬보다 어떤 점이 좋은지 구체적인 포인트를 언급해준다. 막연하게 '착하다'라는 말보다 '다른 사람이 말할 때 집중하면서 들어주는 모습이 예의 바르고 상냥하다' 하는 식으로 좋은 점을 짚어주는 것이다.

주의할 점은 아무리 칭찬이라도 다른 사람과 비교하는 칭찬은 불필요한 경쟁의식과 우열관계를 조장하므로 피한다. 굳이 비교하려면 상대방의 지금과 과거를 비교해주는 게 좋다. '옆집 아이보다 잘했네'가 아니라 '지난번 시험과 비교해서 점수가 40점이나 올랐구나'같이 기준을 상대에 두는 것이다. 그리고 칭찬을 할 때는 사람이 아니라 행동에 주목하고, 타고나거나 주어진 것보다 스스로 얻은 가치에 집중한다. 이를테면 '100점을 받다니 똑똑하구나'라는 말은 타고난 지능과 같은 변하지 않는 요소에 초점을 맞추어 칭찬하는 것이다. 이런 경우 원래 타고난 머리가 좋아서 얻어진 결과라고 받아들일 수 있어 앞으로 노력해야겠다는 내적 동기는 줄어드는 동시에 앞으로 100점을 받지 못하면 머리가 나쁜 사람이 되므로 과도한 부담감을 느끼게 된다. 반면 '100점을 받다니 매일 열심히 공부한 보람이 있구나'라는 칭찬은 스스로 얻은 가치와 노력이라는 행동에 초점을 맞추는 좋은 예시가 된다. 이때 질문을 통해 칭찬의 말을 상대방이 스스로 할 수 있도록 유도하는 방법도 좋다. "100점을 받다니 기분이 어때? 어떻게 점수를 이만큼이나 올릴 수 있었어?"라고 질문하여 상대방이 자신의 노력에 대해 자부심을 느끼며 말을 이어갈 수 있도록 분위기를 조성하는 것이다.

칭찬은 일상의 행동 변화를 이끌어내는 데에도 많은 도움이 된다. 우리 부부는 가사를 잘 분담해서 하는 편인데 나는 주로 요리를 하고 남편은 뒷정리를 맡아서 한다. 그 이유는 남편은 정리의 여왕이 울고 갈 만큼 정리에 소질이 있는 데 반해 요리는 그나마 내가 더 나은 편이기 때문이다. 게다가 요리와 뒷정리 중 어느 쪽이 더 싫은지를 따진다면 나는 한 치의 주저 없이 뒷정리를 택할 것이다. 그러나 많은 커플이 고민하는 것처럼 우리 부부도 처음부터 가사 분담을 분명하게 했던 것은 아니다.

나는 어떻게 뒷정리를 피할 수 있을까 고민하며 기회를 엿보고 있다가 한 가지 꾀를 내었다. 어느 날 주섬주섬 주방을 정리하는 남편을 보고 이때다 싶어 호들갑을 떨며 특급 칭찬을 해 주었는데, 내심 기분이 좋았는지 다음 날 저녁을 먹고 난 후 무엇에 홀린 듯 바로 뒷정리를 시작했다. 그날도 칭찬을 받은 남편은 다음 날과 그다음 날도 뒷정리를 했고, 한 달도 안 되어 이 일은 자연스럽게 남편의 몫이 되었다.

나는 유학 시절, 큰 솥에다 어울리지도 않는 온갖 채소를 쏟아부어 수프를 만들어 먹을 정도로 요리를 할 줄 몰랐고, 요리에는 그다지 관심이나 소질도 없었지만 조금씩 요리에 재미를 붙이기 시작했다. 그 이유는 남편과 아이 역시 내가 요리를 할 때마다 호들갑을 떨며 특급 칭찬을 해주기 때문이 아닐까?

생각해 보면 우리는 이렇게 서로를 띄워주며 모자라고 모난 부분을 맞춰왔던 건 아닐까? 요리에는 그다지 소질이 없는 나도 맛있게 먹는 가족의 모습을 보며 열심히 노력한 덕분에 조금은 나아졌으니 말이다. 관계를 개선하고 싶다면 정말 잘해서가 아니라 앞으로 잘했으면 좋겠다는 바람대로 칭찬하고 격려해주는 것도 좋은 방법이다. 상대를 바꾸려 하기보다 스스로 바뀔 수 있도록 이끄는 진정한 힘은 칭찬이다.

다정한 말하기에 더할 것이 있는 만큼 덜어야 할 것도 있다. 이때 덜어야 할 것은 '지·조·비·평' 네 가지로 '지적하기, 조언하기, 비판하기, 평가하기'를 말한다. 아무리 다정한 의도를 가지고 옳은 말을 하더라도 지조비평은 자칫 '네가 틀렸어'라며 상대를 부정하거나 '내가 더 잘 알아'라는 힘의 우위를 드러내며, '그러니 내 말대로 해야지'라는 지시로 받아들여질 수 있다. 따라서 상대방은 방어 태세를 취하기 쉽다.

가벼운 마음으로 친밀감을 나누는 일상의 감정 소통에서 우리는 나보다 우월한 사람의 평가나 교정이 아니라 같은 눈높이에서 건네는 공감과 존중을 바란다. 때로는 옳은 말보다 다정한 말이 먼저다. 그리고 다정한 마음이 닿으려면 다정한 태도는 필수다.

가까울수록
적정거리가 필요하다

주위를 둘러보면 다른 사람의 말을 잘 들어주는 사람들이 있다. 공감을 잘해주고 위로해준다. 그런 사람들 주위에는 자신의 말을 들어달라고 요청하는 이들이 많을 수밖에 없다. 그것이 적정한 수준이라면 별로 문제가 되지 않는다. 하지만 본인이 감당할 수 있는 정도를 넘어서면 문제가 생긴다.

사실 하소연을 듣는 것은 고된 일이다. 설령 아무리 가까운 사이라도 끝없이 들어주다보면 마치 내가 '감정 쓰레기통'이 되어버린 듯한 피로감이 밀려온다. 나 역시 마음의 여유가 없는 상황일 때는 이런 느낌이 강하게 다가온다. 혹시 자신이 공감 능력이 부족한 것은 아닐까 하는 의문이 들 수도 있지만, 이런 피로감은 전문적인 훈련을 받은 심리치료사조차 느낄 수 있는 현상으로 공감 피로(empathy fatuge)라고 한다.

공감 피로에 빠지면 지나치게 감정을 이입하며 상대방의 고통이 자신의 탓이라는 생각을 하게 된다. 그러다 보면 죄책감과 억울함뿐만 아니라 분노와 우울감마저 느낄 수 있다. 그래봤자 아무것도 바뀌지 않는다는 무력감에 급기야 고통스러운 감정을 차단하고 무감각해지기도 한다. 나중에는 더 이상 남을 신경 쓰거나 하소연을 들어줄 기운이 없어 모든 게 귀찮아지고 사람들을 피해 숨기도 한다. 그렇다면 우리가 공감 피로에 빠지는 이유는 무엇일까?

첫째, 소통의 방향이 일방적이기 때문이다. 맛있는 음식을 나누어 먹는 것처럼 대화는 서로가 연결되는 지점을 찾아 함께 나누는 것이다. 그러나 마주 앉아 상대방이 혼자 먹는 모습을 물끄러미 바라보기만 해야 한다면 어떨까? 듣기만 하는 사람의 마음은 혼자일 때보다도 더 허기지고 외롭지 않을까? 감정은 흐르고 공명하는 속성이 있지만 한 방향으로만 흐르다가 고인 물이 되면 마음 한구석이 곪게 된다.

둘째, 과도한 책임감 때문이다. 이로 인해 건강한 관계를 지켜주는 경계선이 흐려지면서 상대방의 문제를 전부 내 문제로 떠안게 된다. 힘들다는 상대방의 하소연은 마치 나 때문에 힘들다는 비난과 공격처럼 들리고, 이게 쌓이면 힘들다는 말로 나를 힘들게 하는 상대방을 원망하게 된다. 혼자 먹는 모습을 지켜보는 것으로 모자라 계산서마저 자신이 떠맡는 것처럼 감정적 비용을 홀로 부담하게 된다면 억울하고 화가 날 법도 하다. 일방적으로 하소연을 들어주는 것도 마찬가지다.

관계 속에 숨어있는 두려움과 죄책감

마음의 그릇 안에는 생각과 감정, 그리고 욕구가 담겨있다. 마치 마음의 그릇을 실은 차가 도로를 달리는 것처럼 서로의 경계선을 넘지 않고 안전거리를 유지해야 모두를 지키면서 각자 원하는 목적지까지 닿을 수 있다. 관계도 비슷하다. 경계선이 흐려지면 상대방의 생각, 감정, 욕구를 내가 과도하게 떠안게 된다. 이런 경우 상대방의 생각에 무조건 동의해주거나 반대로 '틀린' 생각이나 '나쁜' 생각을 가려내어 교정하거나 해결해주려고 한다. 또 눈치를 살피며 상대방의 기분을 풀어주거나 맞춰주려 애쓰기도 하고, 요구가 있다면 모두 들어줘야 할 것 같은 압박감을 느끼기도 한다. 그러나 감당하기 힘들 만큼 다른 사람의 무거운 짐을 대신 떠안으면 결국 내 차도 주저앉고 차선을 넘거나 안전거리를 조절하지 못해 사고가 날 수도 있다.

가까운 관계일수록 공감이 어려울 때가 많다. 힘들다는 하소연에 위로의 말보다 버럭 화부터 내는 부부, 혹은 친구와 싸운 아이를 달래주는 대신 속상한 마음에 왜 맞고 다니느냐고 훈계부터 하는 부모의 모습처럼 말이다. 이런 반응에는 타인의 감정이 마치 내 탓인 것 같은 불편함과 이를 견디지 못하는 자신의 문제가 숨어있다.

나와 너의 경계선이 희미해지면 너의 상처는 나의 탓이며 나의 상처가 된다. 해결사 역할을 도맡아 다른 사람의 문제에 몰두하면서 마치 자신에게는 아무 문제가 없는 듯한 착시효과로 위안을 삼기도 한다. 대신해주지 못하면 자격 없는 부모나 무능한 배우자라는 죄책감과 두려움에 사로잡혀 상대를 있는 그대로 받아들이기보다 분노와 답답함으로 폭발하는 일이 잦아진다. 하소연을 들으면서 1차적으로 자신을 탓하다가 지치면 2차적으로 자기 방어를 위해 이런 괴로움을 떠넘긴 상대방을 탓하는 단계로 넘어간다. 이런 상태가 지속되면 무기력과 무감각의 3차 공감 피로에 빠진다. 가까운 사이일수록 경계가 흐려지고 사랑할수록 상처받는 악순환이 이어진다.

적당한 무게의 책임감, 적절한 거리의 경계선

부부나 연인 사이에서 일어나는 소통의 단절은 종종 과도한 책임감에서 비롯된다. 우울증으로 상담실을 찾은 스티브는 감정 표현에 서툴고 분노를 조절하기 힘들어 아내와 잦은 갈등을 겪었다. 그에게는 '화가 난다'와 '화나지 않는다'라는 두 가지 감정만 존재하는 듯했고, 그의 분노는 예열 과정 없이 바로 끓는점에 도달하곤 했다.

사실 스티브는 누구보다도 아내를 사랑하고 있었다. 그러나 동시에 아내의 행복을 자신이 책임져야 하고 그녀가 힘든 건 자신이 무능하고 부족하기 때문이라고 생각하는 남성성의 굴레를 무겁게 짊어지고 있었다. 그래서인지 스티브는 아내가 힘들다고 말할 때마다 점점 작아졌다. 아내는 단지 힘들어서 위로를 받고 싶었을 뿐인데, 스티브는 자신을 탓하는 비난과 공격으로 받아들인다. 아내가 자신을 인정해주지 않는다는 분노와 억울함에 폭주하며 이기고 지는 싸움에 끝없이 빨려 들어간다. 대화는 단절되고, 아내가 자신을 피하는 모습에 자신을 무시하는 것 같아 더욱 분노가 쌓인다. 이러다 헤어지는 것은 아닐까 싶어 불안해진 스티브는 불안은 남자답지 않은 나약함이라는 생각에 더욱 화가 나서 견딜 수 없다. 끝없는 악순환이다.

부모와 자식 간의 관계도 마찬가지다. 과도하고 통제 불가능한 걱정과 불안으로 상담실을 찾은 워킹맘 아만다는 아이의 실패가 곧 자신의 실패라고 믿고 있다. 그녀는 완벽한 부모라는 이상적인 그림에 스스로를 가두고 쉽게 휘둘린다. 조금만 문제가 생겨도 아이의 인생이 망가지지는 않을까 불안해하고, 모두 자기 때문이라는 죄책감에 시달린다. 아이가 칭찬을 받으면 한껏 들뜨고 실수를 하면 급격하게 무너지는 부모의 마음은 마치 불안정한 주식 차트처럼 끝없이 요동친다.

좋은 부모란 아이가 자신의 품을 떠날 수 있도록 도와주는 것이다. 그러기 위해서는 자녀가 감당할 수 없을 정도로 지나친 시련에 방치해서도 안 되고, 조금의 시련도 겪지 않도록 모든 장애물을 제거해주거나 대신 해결해주어서도 안 된다. 부모의 역할은 자녀가 스스로 충분히 감당할 수 있을 만큼보다 몇 걸음만 더 도전할 수 있도록 시련의 양을 조절해주는 것이고, 스스로 일어날 때까지 산처럼 기다려주는 것이다. 마치 우량주의 그래프처럼 큰 기복 없이 안정적인 우상향을 그릴 수 있도록 탄탄한 자존감을 만들어주는 것이다. 그러나 아만다는 아이가 조금이라도 힘들어하는 모습을 견딜 수 없다.

흥미로운 사실은 훈련된 심리치료 전문가조차 경계선을 넘을 위험이 있다는 것이다. 때문에 본인 스스로도 이를 늘 인지하고 되돌아봐야 한다. 필요하면 다른 전문가의 도움을 받기도 한다. 이를테면 상담 중 문제가 해결되거나 호전되지 않을 때 내담자가 느끼는 답답함을 오롯이 치료자가 떠안으면 '내가 치료자로서 능력이 부족한 것 같아'라는 자기 비판적인 생각에 빠질 수 있다. 이때 치료자의 불안감과 죄책감이 누적되어 1차적인 공감 피로를 경험한다. 그러다 치료자가 자기 방어를 위해 내담자를 탓하는 2차적인 문제로 이어지면, 내담자의 의지와 노력이 부족하다고 비판하면서 공감과 위로보다 화내거나 가르치려는 태도를 보일 수 있다. 치료자가 마치 자신과 상관없는 일인 듯 무관심하고 차가운 태도를 보이면, 내담자는 치유를 위해 상담을 받으러 갔다가 오히려 더 큰 상처를 받는 경우도 발생한다.

　하소연을 듣기 힘들고 공감 피로를 느낀다는 것은 일방적인 소통이 반복되며 자기 자신을 살피지 못한 채 상대방의 고통을 나 자신의 실패로 떠안게 되기 때문이다. 이러한 자기중심적인 해석은 있는 그대로 고통을 바라보고 온전히 공감할 기회를 막아버린다. 이제는 분명한 경계선과 자기 돌봄이 필요하다.

관계의 중심은 언제나 '나'여야 한다

오랜 연애 끝에 결혼을 앞둔 수진에게 남자 친구는 무겁게 입을 열었다. 안 그래도 요즘 들어 표정이 안 좋고 우울해 보인다고 느끼던 참이었다.

"내가 널 평생 행복하게 해줄 수 있을지 자신이 없어."

그러자 수진이 대답했다.

"내 행복은 내가 알아서 할 건데."

이 한마디는 매우 단순해 보이지만, 실은 성숙한 개인으로서 자신의 행복은 스스로 선택하고 책임지겠다는 자율성의 선언문과 같다. 또한 서로에게 짐을 떠넘기거나 떠안을 필요가 없다는 뜻이기도 했다. 이로 인해 남자 친구의 짓눌린 마음은 새 털처럼 가벼워졌고, 큰 싸움이나 최악의 경우 이별로 이어질 뻔했던 사건이 행복한 결혼으로 이어지는 반전이 되었다.

내 딸은 외가에서는 아빠를 닮았다고 하고 친가에서는 엄마를 닮았다고 한다. 우리는 서로 자신을 닮지 않았다며 주장하기 일쑤였다.

"넌 엄마 아빠 중에 누구를 더 닮은 것 같아?"

끝나지 않는 이 유전적 난제를 한 방에 종결시킨 아이의 우문현답은 이렇다.

"그야, 나는 나를 닮았지."

그렇다, 딸은 나의 분신이 아니다. 아이는 놀라운 우연이 만들어낸 독특한 유전적 조합이자 무수한 환경적 변수가 조각해낸 유일한 결과이자 과정일 것이다. 이 대답은 아이가 조금만 잘못되어도 나를 닮아 그런 건가 전전긍긍하는 부모의 죄책감을 덜어주는 말이기도 하고, 내 못난 모습을 닮아 조금이라도 잘못될까 가슴 졸이는 부모의 불안감을 진정시키는 말이기도 하다. 이에 더해, 나와 다른 하나의 인격체로서 아이가 스스로 선택하고 책임질 수 있는 공간을 인정해야 할 시기가 도래했다는 뜻이고, 섭섭하지만 언젠가는 아이가 내 품을 떠날 것을 받아들이고 준비해야 한다는 뜻이기도 하다. 관계는 가까울수록 좋을 것 같지만 역설적으로 '사이'를 둔다. 그리고 관계를 지켜주는 사이란 안전거리와 경계선(boundary)을 말한다.

공감 피로를 느낀다는 것은 경계선을 분명히 하고 안전거리를 확보해야 한다는 신호이며 적극적으로 자신을 돌보라는 신호이다. 늘 정신적인 스트레스에 노출될 수밖에 없는 심리치료사뿐만 아니라 감정 노동자와 각종 돌봄 관련 직종에 종사하는 사람들이 공감 피로로 번아웃을 겪지 않으려면 선을 지키는 공감과 자기돌봄은 필수적이다. 이는 가족이나 친구 사이와 같은 사적인 관계와 직장에서도 마찬가지다.

특정 관계에서 부정적인 감정을 지속적으로 경험한다면 우리가 어떤 관계이고 각자 어떤 역할을 맡았으며 이 관계에서 무엇이 가장 중요한 가치인지 다시 한번 점검하고 자기 자신을 되돌아볼 필요가 있다. 공감 피로를 느낀다면 힘들다고 말하고, 안 된다면 안 된다고 말하며, 도움이 필요하다면 도와달라고 말해야 한다. 다정하면서도 단호하게 적절한 거절과 비판으로 선을 지키고 거리를 조절해야 자신과 관계를 돌볼 수 있다.

삶은 맘대로 되지 않고 한계가 있지만, 우리는 스스로 선택하고 책임지는 자율성의 텃밭을 한 뼘씩 가꾸고 조금씩 넓혀가야 한다. 그러나 우리는 관계 속에서 종종 다른 사람의 문제를 대신 떠안으려 하거나 반대로 자기 내면의 문제를 타인에게 떠넘기기도 한다. 내 마음조차 마음대로 되지 않는다는 사실을 망각하고 다른 사람의 마음을 바꾸려고 애쓴다. 어떻게 하면 엄마를 바꿀 수 있는지, 남편과 자녀를 바꿀 수 있는지 묻는다. 상처를 주는 사람은 그대로인데, 상처받는 자신만 노력하는 것 같아 억울한 감정을 느낄 때도 있다. 하지만 아무리 바람이 불어도 나의 텃밭은 내가 지켜내야 하기에 내가 할 수 있는 일을 해야 한다. 각자의 자리에서 선을 넘지 않고 안전거리를 확보해야 한다. 다정하게 지켜보는 기다림으로 산처럼 든든한 부모가 되어주고 앞뒤가 아닌 옆에서 함께 걷는 동반자가 되어야 한다.

능력 있는 남자, 완벽한 부모, 말 잘 듣는 아들딸, 언제나 기댈 수 있는 친구……. 내가 그린 그림 안에서 나는 어떤 누군가가 되려고 하는가? 이제 누군가가 되기 전에 나 자신이 되어야 하고 나에게로 돌아와야 한다. 이것은 관계의 중심축을 상대가 아닌 '나'에게 가져오는 행동이다. 나를 지키는 관계는 나만 지키는 것이 아니라 모두를 지켜준다.

나의 다정함을
이용하는 사람들에게

　이쯤 되면, 각박한 현실을 몰라서 그렇다는 푸념과 함께 다정함에 대한 회의론이 나타날 때가 된 것 같다. 언제 어디서나 모두에게 마음의 대문을 활짝 열어놓고 살 수는 없지 않은가? 다정하기만 하면 이를 이용하는 사람들도 있을 테고 늘 상처받고 손해 보는 쪽은 내가 될 테니 말이다. 그렇다면 우리는 언제, 어디서, 누구에게 얼마나 다정하면 되는 걸까?

　적자생존과 각자 도생을 믿는 불신 사회에서 다정함은 이용당하기 좋은 약점이나 만만함, 심지어는 우둔함으로 여겨지기도 한다. 이런 환경에서는 다른 사람을 밟고 착취하면서까지 당장 나만 지키면 된다는 전략이 가장 똑똑해 보일지도 모른다.

하지만, 정말 그럴까? 종교나 도덕 같은 추상적인 개념으로 인과응보나 카르마를 믿는지 묻는 것이 아니다. 다정함의 이로움을 과학적으로 실험해본 사람들이 있다.

다정함이 관계를 다져준다

조지아주립대학교 심리학과, 철학과 및 신경과학 연구소의 석좌교수 세라 브로스넌(Sarah Brosnan)은 침팬지를 상대로 인지 실험을 진행했다. 먼저 침팬지들에게 토큰을 내어 먹이를 받아먹는 과제를 학습시켰다. 다음 단계에서는 토큰을 내는 과제를 수행했을 때 한 침팬지에게는 계속 같은 먹이를 주고 다른 침팬지에는 각종 과일 등 더 좋은 보상을 준 다음 반응을 지켜보았다. 그러자 같은 노력에도 불구하고 불평등한 대우를 받은 침팬지들은 짜증과 분노를 표출하며 먹이를 거부했다. 아무것도 받지 않는 것보다 분명 적은 보상이라도 받는 게 나을 텐데 왜 그런 걸까? 침팬지들이 불평등의 개념을 이해한 게 아닐까?

그렇다면 반대로 특권이 주어진 침팬지들은 어떤 반응을 보였을까? 놀랍게도 그들 중 일부는 아무리 맛있는 과일이라도 먹는 것을 거부하거나 차별당한 다른 침팬지들과 나누어 먹는 모습을 보였다. 상대방을 희생시키며 혼자서만 특권을 누리면 단기적으로는 좋을 수 있지만 장기적으로는 공공의 적으로 낙인찍히고 분노를 살 수 있다는 것을 알고 있는 침팬지들은 자신이 다정하고 믿을 만하다는 것을 보여주기 위해 노력했다.

앨리시아 멜리스(Alicia Melis)를 비롯한 막스플랑크연구소의 연구진 또한 이와 비슷한 실험 결과를 보여주었다. 침팬지들은 서로 믿고 협력해야 해결할 수 있는 과제가 주어졌을 때 문제해결력이 뛰어난 파트너를 선택하기도 했지만, 과거에 먹이를 나눠준 상대를 파트너로 선택하기도 했다. 능력과 인성을 함께 본다는 말처럼 침팬지들도 과실을 따내는 유능함뿐만 아니라 이를 나눌 줄 아는 다정함을 선택한 것이다.

침팬지 사회에서 다정함이 관계 형성의 중요한 요소가 된다는 사실은 무척 흥미롭다. 그들은 공동체에서 자기 혼자 살아갈 수 없다는 사실을 인지하고 고립의 위험에서 벗어나기 위해 다정한 모습을 보여주려 노력한다. 그렇다면 인간 사회에서도 비슷한 전략이 성공적으로 작동할까? 우리는 게임 이론을 통해 이를 설명할 수 있다. 게임 이론은 여러 이해관계자들이 상호작용하는 상황에서 각자의 이익을 극대화하기 위해 어떤 전략을 선택해야 하는지 분석하는 이론으로, 경제학·정치학·생물학 등 다양한 분야에 응용된다.

우리는 서로를 얼마나 믿을 수 있나

미국의 수학자이자 경제학자 존 내시(John Nash)가 게임 이론을 설명하기 위해 고안한 '죄수의 딜레마'는 공범으로 몰린 두 사람이 각자 따로 수사실에 불려가서 자백할 것인가, 입을 다물 것인가를 결정해야 하는 게임이다. 둘 다 자백하지 않고 버티면 모두 징역 1년형을 받고, 둘 다 자백하면 모두 5년형을 받는다. 그런데 한 사람이 자백하고 다른 한 사람은 입을 다문다면 자백한 사람만 석방되고 입을 다문 사람은 혼자 10년형을 몰아서 받게 된다. 이 상황에서 가장 이로운 선택은 무엇일까?

물론 1회성 게임에서 당장 눈앞의 이익만 생각한다면 상대방을 희생시키고 혼자 자백하고 석방되는 경우가 수학적으로는 제일 유리하다. 하지만 같은 상대와 여러 번 게임을 할 경우 다음에 보복을 당할 위험성이 있기 때문에 둘 다 자백하지 않고 가벼운 1년의 징역형만 받는 것이 모두를 위한 최선의 선택이 될 수 있다. 다만 이 선택지는 서로 배반하지 않을 거라는 믿음이 있어야만 가능하다.

정치학자 로버트 액설로드(Robert Axelrod)는 '죄수의 딜레마'를 이용한 모의 시뮬레이션 대회를 주최했고, 각 분야의 전문가들이 개발한 다양한 전략의 프로그램들이 이 대회에 참가

했다. 참가 프로그램들은 상대를 바꾸어가며 게임을 진행하는데, 대회 중 같은 상대를 여러 번 만나게 된다. 그리고 게임을 할 때 각 프로그램은 상대의 이력을 모두 열람할 수 있다. 각 게임에서 징역을 적게 받을수록 높은 점수가 주어지고 이를 모두 합산한 점수로 최종 우승자를 가린다. 과연 결과는 어땠을까?

상대의 뒤통수를 치면서 자기 점수만 챙기려던 적대적인 프로그램들은 초반에는 선두를 치고 올라갔지만 후반부가 되자 뒤처지고 말았다. 반면 먼저 공격하지 않고 신뢰와 협력을 추구하는 다정한 프로그램들은 모두 상위권을 차지했다. 특히 다정한 프로그램끼리 만났을 때는 안정적인 협력 관계를 통해 차곡차곡 점수를 쌓았고 적대적인 프로그램들끼리는 서로 뒤통수를 치면서 이용하고 이용당하는 파국으로 치달았다. 결국 당장의 이익을 위해 타인을 희생시키고 혼자만 살겠다고 행동한 프로그램들의 결과는 좋지 않았다. 나만 지키는 관계는 나를 지키는 관계가 되지 못했다.

그렇다고 해서 반복되는 배신에도 무조건 다정하기만 한 천사형 프로그램(All-C)의 성적이 가장 좋았을까? 언뜻 생각하면 그래야 할 것 같지만, 그렇지 않다. 천사형은 다정한 프로그램을 만나면 다행이었지만 적대적인 프로그램을 상대했을 때는 반복되는 착취에 속수무책으로 당하기만 했다. 따라서 상대에 따라 자신의 운명이 결정되었다.

다정한 프로그램 중에서도 가장 높은 점수를 받은 전략 중 하나는 맞대응이었다. 맞대응은 내가 먼저 배신하는 일은 없지만 협력에는 협력으로, 공격에는 공격으로 대응하는 단순명료한 전략이다. 그렇다면 철저하게 손익 계산을 하여 받은 대로 똑같이 갚아주면 좋은 걸까? 흥미롭게도 한번 배신자는 영원한 배신자로 찍어 '눈에는 눈, 이에는 이'로 응징하는 '무자비한 맞대응' 프로그램(FriedMan)은 다정한 프로그램들 중에서 최하점을 기록했다. 무자비한 맞대응은 우발적인 실수나 오해로 인해 관계가 틀어지는 경우를 감안하지 않아 상대를 영원히 응징하거나 손절하면서 보복에 보복을 낳는 악순환에 빠지기도 했다. 반면 최상위권 프로그램들은 어느 정도의 비율로 상대를 너그럽게 용서해주거나, 단호하게 대처한 후에도 바로 화해의 손길을 내밀어 협력을 시도했기 때문에 이런 위험을 어느 정도 상쇄할 수 있었다.

여기서 또 중요한 점이 있다. 관대한 맞대응 전략은 자신의 다정함과 단호함을 상대방이 인지할 수 있도록 이를 분명하고 일관되게 전달했다는 것이다. 자신의 전략을 들키지 않기 위해 온갖 잔머리를 굴리는 프로그램은 상대를 헷갈리게 하면서 신뢰를 상실하여 협력을 이끌어내지 못했다. 반면 관대한 맞대응 전략은 상대의 전략과 관계없이 '나는 언제든 협력할 준비가 되어있지만 배신한다면 적극 대응할 것이다'라는 다정함과 단호함의 원칙을 일관적으로 전달했고, 이를 바로 실행에 옮기면서 상대방이 따라올 수밖에 없게끔 판을 주도할 수 있었다.

심리를 분석하는 것처럼 상대 프로그램의 이력을 살펴 전략을 분석한 후 맞춤 대응하는 똑똑이 프로그램은 어땠을까? 안타깝게도 이 또한 큰 성과를 보여주진 못했다. 특히 똑똑이 프로그램은 앞에서는 착한 척하며 뒤에서 공격하는 돌려까기 프로그램을 만났을 때 판단력이 교란되며 끌려가는 모습을 보였다. 마치 타인의 심리를 분석하는 데 지나치게 쏠려 자신의 무게중심을 잃어버리는 것처럼 말이다.

그렇다면 강약약강 프로그램과 다정한 척하며 교묘하게 공격하는 돌려까기 프로그램의 성적은 어땠을까? 강약약강은 처음에는 살살 선을 넘으며 간을 보다가 상황 판단이 끝나면 본격적으로 행동을 개시한다. 눈치도 빠르고 태세전환을 잘하면서 상대에 따라 처세술을 발휘하는 강약약강은 맞대응 전략을 상대할 때는 보복이 두려워 협력했고 다정하기만한 천사형 프로그램은 계속 착취하면서 점수를 축적했다. 하지만 강약약강도 자신과 비슷한 상대를 만나거나 자신의 전략을 노출시키지 않는 포커페이스, 그리고 전략에 일관성이 전혀 없어 예측이 불가능한 랜덤 프로그램을 만났을 때는 취약성을 드러내며 뒤처지고 말았다.

처음에는 다정한 척하다가 충분히 신뢰가 쌓이고 나면 티 나지 않는 선에서 적당히 뒤통수를 치는 돌려까기도 고득점을 얻지는 못했다. 돌려까기는 4번에 1번 꼴로 교묘하게 배반하면서 다정한 척 잡아떼는 식이기 때문에 전반적으로 다정하게 보일 수도 있다. 그러나 실체가 드러나면 잠시 자숙했다가 슬며시 고개를 들어 다시 뒤통수를 치기 때문에 안정적인 협력 관계를 끝내 보장받지 못했다.

현실 세계에서 다정함은 이길 수 있을까

물론 제한적이고 인위적인 설정 안에서 이루어진 시뮬레이션 결과를 현실 세계에 그대로 대입하기엔 무리가 있다. 실제로는 죄수의 딜레마 게임보다 훨씬 다양한 상황이 벌어진다. 예측하기 힘든 변수도 무수히 많고, 배반 아니면 협력이라는 양자택일이 아니라 사지선다형이나 주관식 문제를 풀어야 할 때도 있다. 또 두 사람만이 아니라 제각각 이해관계가 다른 여러 사람들이 복잡하게 엮이는 고차방정식의 문제를 풀어야 할 수도 있다.

게다가 액설로드의 대회에서는 배신을 당했을 때 0점을 받아 점수를 획득하지 못할 뿐, 이미 가지고 있던 점수를 잃는 마이너스 값은 없었다. 즉, 위험 부담이 적고 최악의 경우라도 그 피해가 어느 정도인지 산술적 수치로 확실히 알 수 있다. 하지만 현실 세계에서는 순간의 결정으로 재산이나 건강을 크게 잃기도 하고 위험 부담이 어느 정도인지 정확히 예측할 수 없을 정도로 피해 범위가 불확실하거나 수치화하기 힘든 경우도 있다. 재력, 인맥, 교육 수준 등 사회적, 경제적 자원에 이미 격차가 벌어진 상태에서 시작하여 각자의 의사 결정에 영향을 주고 상대에게 힘을 행사할 수도 있다. 또 실제로는 관계마다 그 중요성과 비중이 다양해서 의사 결정에 큰 영향을 주지만 시뮬레이션에서는 이를 반영하지 못한다.

이에 더해 시뮬레이션에서는 닫힌 세계 안에서 한 상대와 반복적으로 상호작용이 일어나고 서로의 이력을 투명하게 열람할 수 있지만, 실제로는 불가능한 데다 대도시의 삶과 온라인에서는 익명성이 보장되거나 피상적이고 일회적 관계에 그치는 경우도 많아 서로의 과거 행적을 보고 판단하기 힘들기 때문에 적대적인 전략을 부추길 유혹도 작용한다.

무엇보다 인간은 프로그램과는 달리 감정과 주관성으로 인해 항상 이성적이고 합리적인 판단을 내리지도 않고 일관적인 전략을 구사하지도 않는다. 따라서 받은 만큼 돌려주는 맞대응 전략이 시뮬레이션에서는 정의를 구현하는 최고의 전략 같지만 실제 상황에서는 다소 복잡해질 수 있다. 나의 정의가 타인에게도 늘 정의가 될 수는 없기 때문이다. 상대는 1만큼 잘못했다고 생각했는데 나는 10만큼의 타격을 입을 수 있다. 특히 마음의 상처는 주관적인 영역이므로 더더욱 그렇다. 내가 10만큼 감정이 상했다고 해서 상대방에게 '공정하게' 10만큼 보복하면 되는 걸까? 10만큼 보복을 했는데 상대는 50만큼 상처받는다면? 내가 생각하는 공정함과 정의의 잣대가 모두에게 같을 수는 없다. 그렇기 때문에 우리에게 가장 중요한 공동의 가치를 지키기 위해 최소한의 기준이 필요한 것이다.

그럼에도 불구하고 액설로드의 실험이 시사하는 바는 크다. 그것은 다정함이 우리 자신에게도 유리하다는 것이고, 다정함을 지키려면 이를 일관적이고 단호하게 전달할 필요가 있다는 것이다. 결론은 이렇다. 다정함이 이긴다. 그러나 다정함이 이기려면 단호함이 필요하다.

다정함과
단호함 사이

다정함을 만만함으로 오해하는 사람들이 있다. 아무것도 모르고 순진해서, 너무 여리거나 마냥 사람이 좋아서, 갑을 관계에서 을이라서 어쩔 수 없이 다정하다고 생각하기도 한다. 그러나 다정함은 의식적이고 적극적인 선택이다. 때로는 상처받고 휘둘릴지라도 다정함을 선택하려면 용기가 필요하다. 흔히 다정함은 부드러움과 따뜻함을, 단호함은 타협하지 않는 강경함과 냉정함을 떠올리기 쉽다. 이 둘은 얼핏 대립되는 개념처럼 보이지만 균형을 이룰 때 비로소 우리는 건강한 관계를 맺고 이어나갈 수 있다.

그렇다면 다정함을 잃지 않으면서도 단호하다는 것은 무

슨 의미일까? 그리고 어떤 상황이라도 휘둘리지 않을 다정함과 단호함의 황금 비율이 있을까?

다정하지만 단호하게, 솔직하지만 무례하지 않게

다정함은 정제하는 것이고 단호함은 분명한 것이다. 다정한 마음으로 배려하고자 한다면 솔직한 마음의 소리를 체에 곱게 걸러야 한다. 솔직함이 무례함이 되지 않으려면 상대방의 입장을 한 번 더 살피고 걸러야 진정성으로 거듭난다. 솔직하다고 해서 옷을 벗고 거리를 활보하지 않는 것처럼 마음의 소리를 거르지 않고 쏟아내면 이 또한 벌거벗은 말이 될 것이다. 그렇다면 부끄러움은 누구의 몫일까?

    솔직함이 진정성이 되려면 다정한 마음으로 말에 옷을 입혀야 한다. 말에 옷을 입힌다는 것은 자신을 감추거나 다른 사람처럼 꾸미는 가식이나 눈속임이 아니라 자기 자신다운 모습을 가장 잘 드러낼 수 있도록 갖추어 입는 것을 말한다. 다정한 말은 솔직한 마음을 곱게 걸러 갖추어 입힌 것이다.

    단호함은 분명함이다. 헷갈리게 하거나 흐리지 않고 분명하게 전달하는 것이다. 단호함은 모호하고 불확실한 상태에 상대를 방치하며 빠져나갈 구멍을 만들지 않는다. 상처 주지 않으려고 너무 에둘러 표현하거나 회피하면서 더 큰 상처를 남기지도 않는다. 단호하다고 해서 강경하고 차가운 태도를 보일 필요가 없다. 내용은 분명하고 태도는 부드럽게, 단호함과 다정함은 함께 갈 수 있다.

다정함과 단호함의 황금 비율

다정함과 단호함의 비율에는 정해진 공식이 없다. 상황에 따라 이 둘의 비율이 5 대 5가 적절할 때도 있고 단호함의 비율을 높여 3 대 7의 조화가 최선일 때도 있다. 심지어 동일한 사람을 상대하면서도 상황에 따라 적정 비율이 달라지기도 한다. 무리한 부탁을 거절했음에도 거듭 요구할 경우 다정함과 단호함의 비율을 7 대 3에서 3 대 7까지 바꿔야 할 때도 있다.

중요한 것은 다정함과 단호함의 미묘한 균형점을 계속 찾아나가는 과정이다. 이 과정은 마치 모래밭 위에서 한 발로 균형을 잡는 것과 같다. 단단한 바닥에서는 가만히 있어도 균형을 유지하기 쉬울지 모르지만, 모래밭 위에서 한쪽으로 치우치지 않고 중심을 잡으려면 미묘한 움직임과 끊임없는 조율이 필요하다. 한쪽에서 거센 바람이 불어올 때에는 이에 맞서는 힘이 필요하다. 마치 경사가 급한 오르막길에서 중립 기어를 넣고 있는 차가 미끄러져 내려가는 것처럼, 균형을 유지하기 위해서는 상황에 맞게 적극적인 대응이 필요하다. 다정함과 단호함 사이에서 균형을 이루는 지점 또한 상황에 따라 유연하게 움직인다.

절대로 통하는 절대 원칙은 없지만 그렇다고 해서 너무 어려워할 필요도 없다. 시시각각 변하는 혼란스러운 상황 속에서 균형을 잡아주는 무게중심은 분명히 있고 우리의 판단력을 최대치로 끌어올리는 방법이 있기 때문이다.

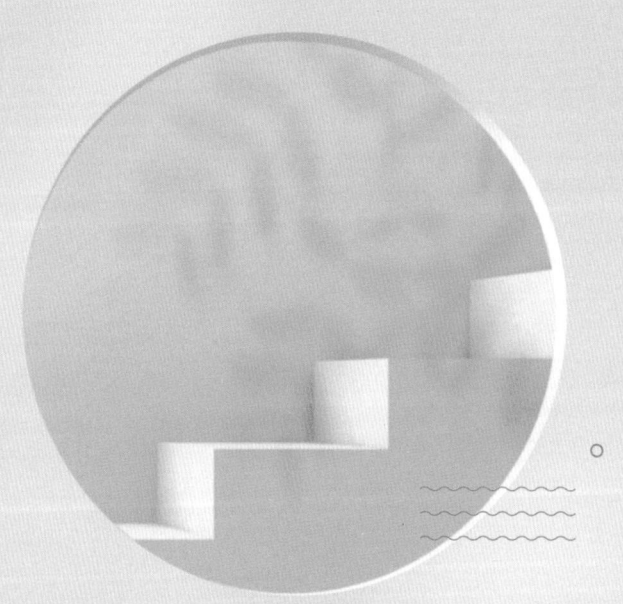

3장

결국

다정함이 남는다

날뛰는 감정의
고삐 붙잡기

예상치 못한 한 방이 훅 치고 들어올 때 당황한 나머지 말문이 막힐 때가 있다. 당혹감, 불안감, 분노가 뒤섞여 감정이 마구 날뛰면 마음의 시야가 좁아지고, 좁은 통로를 비집고 쏟아지는 정보를 제대로 거르지 못한 채 쪼그라든 마음의 그릇에 넘치면서 버벅거리게 된다. 컴퓨터 화면에 수십 개의 창을 띄워놓고 정신없이 클릭해도 제대로 로딩이 되지 않는 것처럼, 어떻게 해야 할지 상황 판단이 되지 않고 어떤 결정도 내리기 힘들다. 이럴 때 자신의 무게중심을 되찾고 판단력을 극대화할 수 있는 방법은 없을까?

우리가 위험을 마주했을 때

우리의 뇌는 생존을 위해 설계되어 있다. 위험을 감지하면 미처 의식하기도 전에 신속하게 비상사태를 선포하고 온몸에 경보 신호를 보내 대비 태세를 갖춘다. 눈앞에 호랑이가 나타났는데 다각도로 재고 따지면 이미 늦어버리는 것처럼 이럴 때는 자동 반사적으로 반응해야 생존 확률을 높일 수 있기 때문이다.

위험에 대해 자동으로 반응하는 방식에는 투쟁, 도피, 경직, 세 가지가 있는데, 이를 위험 반응이라고 한다. 위험을 느끼면 온힘을 다해 맞서 싸우거나 도망가기 위해 심장 박동이 증가하고 호흡은 빠르고 가빠진다. 뇌와 소화기관의 혈액이 근육으로 몰리면서 어지럽거나 속이 울렁거리는 경험을 하기도 한다. 싸우거나 도망갈 수 없는 진퇴양난의 상황에서는 경직되는데, 이는 죽은 척하며 위험을 피하려는 생존 전략이라고 할 수 있다. 이를 심리학에서는 의식적인 분리, 즉 해리(disassociation)라고 한다. 말문이 막히는 것도 돌발적인 사회적 위기 상황에서 이러지도 저러지도 못한 채 얼어버린 상태로 버티는 일종의 생존 전략이 아닐까? 당황했을 때 주먹부터 휘두르거나 반대로 회피하는 사람들이 있는 것처럼, 말문이 막혀 아무 말도 하지 못하는 것도 자연스러운 위험 반응의 하나라고 이해할 수 있다.

그렇다면 똑같은 상황에서 개인마다 위험을 느끼는 정도가 다른 이유는 무엇일까? 그것은 상황을 바라보는 방식 차이, 곧 생각의 차이에 있다. 인지행동 심리학에서는 자신이 처한 상황이 위험하다고 과대평가할수록, 그리고 자신의 대응 능력을 과소평가할수록 불안감이 커진다고 말한다. 이는 [상황에 대한 위험성의 과대평가÷대응 능력의 과소평가=불안 지수]의 공식으로 정리해볼 수 있다. 공식에 따르면 분자는 작아지고 분모는 커질수록 불안은 최소화된다. 예를 들어 호랑이가 크고 튼튼해 보일 때보다 작고 어딘가 아파 보일수록 위험성을 낮게 판단하고, 자신이 무방비 상태일 때보다 전문적인 훈련과 무기를 갖춘 상태일수록 대응 능력을 높게 판단하기 때문에 두려움은 줄어든다.

문제는 상황 판단을 명확히 하기 힘들 때는 위험성을 과대평가하기 쉽다는 것이다. 우리는 어느 정도 위험할지 확실히 알 때보다 어떻게 될지 모르는 불확실한 상황에서 더 불안감을 느끼는 경향이 있는데, 이 또한 개인마다 불확실성을 바라보는 생각의 차이에 따라 불안감의 결과값에 차이가 날 수 있다. 불확실한 상황을 즉흥적 재미나 우연한 발견, 혹은 새로운 기회로 바라보는 사람이 있는가 하면 극심한 위험으로 받아들이는 사람도 있다. 전자의 경우 불안이 크지 않고 오래 지속되지도 않을 것이다. 그러나 후자의 경우는 다르다. 당장은 위험에서 벗어났지만 사각거리는 소리와 희미한 그림자에도 혹시 어딘가에 호랑이가 숨어있지는 않을까 늘 긴장하게 된다. 있을지 없을지 모르는 불확실한 상황에서 온갖 부정적인 가능성으로 상상력의 가지가 뻗어나갈 때 불안은 무한 증식한다. '자라 보고 놀란 가슴 솥뚜껑 보고 놀란다'는 속담이 이럴 때 어울리지 않을까. 처음 겪는 일이나 돌발적인 상황 등 불확실성에 유독 큰 위험을 느끼고 이를 견디기 힘들어한다면 만성적인 불안에 시달릴 확률이 높아진다.

위험 반응은 생존을 위해 필수적인 자동반사적 반응이지만 양날의 검이 되기도 한다. 마치 거짓 경보음을 남발하는 것처럼 실질적인 위험이 없을 때나 생사를 가르는 중대한 사건이 아닌데도 시도 때도 없이 발동되면서 문제가 되기 때문이다. 그러면 늘 긴장하고 쉽게 피로감을 느끼게 된다. 더 이상 호랑이를 상대하지 않아도 되는 문명사회에서는 사람들과 부대끼며 발생하는 각종 사회적 갈등과 위험에 노출된다. 인간은 사회를 벗어날 수 없고 늘 다른 사람과 부대끼며 살아가야 하기 때문에 대인 관계로 인해 상처받을 가능성을 완전히 피할 수는 없다. 이때도 불확실한 인간의 마음을 흥미로운 주제라기보다 위험 요소라고 생각할수록, 상대방의 말과 행동의 위험성을 지나치게 과대평가할수록, 이에 대응할 자신의 능력이 부족하다고 과소평가할수록 관계에 대한 불안감이 커진다. 이러한 생각의 차이로 인해 실질적인 위험의 대상을 벗어나거나 위기 상황이 종료된 후에도 사회적 불안감이 계속되곤 한다. 결국 알 수 없는 타인의 마음으로 인해 어떤 일이 일어날지 모르는 상황에서 스스로 감당할 수 있을 거라는 믿음이 없다면, 우리는 선뜻 이불 밖을 나서기 힘들어진다.

그러나 해결 방법은 있다. 불확실하게 전개되는 갈등 상황에서, 위험성을 올려치기 하지 않고 자신의 수습 능력을 내려치기 하지 않는 것이다. 그러려면 상황을 최대한 객관적으로 파악하고 자기 자신의 문제해결력에 대한 자신감을 키워야 한다. 맞더라도 생각보다 아프지 않을 것이고 아파도 감당할 수 있는 만큼일 거라는 정신적 맷집을 키워 불확실성에 대한 내성을 길러야 한다. 실질적인 위험 수위가 10점 만점에 10점일 때라도 이를 감당할 만한 능력 또한 10점이라면 불안 지수는 1로 줄어들 수 있다.

더 이상 두려움과 죄책감에 휘둘리지 않으려면

많은 사람들이 이런 내용을 머리로는 알고 있지만 막상 당황하면 말문이 막힌다며 어려움을 토로한다. 소통에 대한 책도 열심히 읽고 강연도 꾸준히 들었는데 왜 그럴까?

첫 번째 이유는 머리로 '학습'한 내용일 뿐 몸으로 배우지는 않았기 때문이다. 몸으로 배운다는 것은 경험적 지식을 말하는데, 이는 배운 내용을 직접 실천하고 느끼는 과정을 통해서만 얻을 수 있고 시행착오를 반복하며 단단해진다. 머리에서 맴도는 지식보다 감정으로 느끼고 행동으로 실행하는 경험적 지식이 변화를 가져온다.

두 번째 이유는 아무리 상황 판단력이 좋고 사회적 문제해결력이 뛰어나다고 자부하는 사람도 감정이 마구 날뛸 때는 이러한 인지적 시스템이 제대로 작동되지 않고 생존을 위한 자동반사적인 반응이 먼저 튀어나오기 때문이다. 명료한 판단이 서지 않는 혼란스러운 상황에서 말문이 막히고 어떤 결정도 하기 어려울 때는 마음이 이끄는 대로 하라고 하지만, 그것이 지혜로운 직관인지 단지 순간적인 기분 탓이거나 자동반사적인 반응인지 어떻게 구분할 것인가? 그렇다면 상처받고 두려운 마음은 무엇에 기댈 것인가?

이때 무게중심을 잡기 위해 우리가 가장 먼저 해야 할 것은 자동반사적인 생존 시스템에만 의탁하여 두려움과 죄책감에 휘둘리고 자동반사적으로 반응하는 대신, 내 안의 판단력과 해결 능력을 최대한 발휘할 수 있도록 고요한 마음 상태를 만들어주는 것이다. 이를 실천하기 위한 구체적인 방법이 바로 SNR 기법으로, 멈추기(STOP)-알아채기(NOTICE)-대응하기(RESPOND)를 말한다. 말문이 막힌다면 먼저 '나는 이 상황을 내가 감당할 수 없을 만큼 위험하다고 생각하고 있구나'라는 자기 인식이 필요하며, 일단 이런 반응이 지극히 자연스러운 것임을 받아들이면서 시작한다. 그리고 이 위험을 감당할 수 있는 만큼의 도전으로 전환하고 이 상황을 문제해결력을 키울 수 있는 좋은 기회로 삼기 위해서 이제는 멈추고 알아채고 대응해야 한다.

멈추기,
반응의 가속도를 막는 법

일반인이 접근하기 힘든 정신과 폐쇄 병동 이야기는 많은 사람들의 호기심을 자극한다. 평소 나는 정신과와 관련된 영화나 드라마를 일부러 보지 않는데, 집에서 쉬는 동안에도 계속 일하는 느낌을 받아서일 것이다. 그런데도 예외적으로 시청했던 작품 중 하나는 드라마 '정신병동에도 아침이 와요'다. 정신 건강에 대한 깊은 이해와 따뜻한 시선이 묻어나는 작품이라 감독에 대한 궁금증이 생긴 와중에 마침 그의 인터뷰를 접하게 되었다. 그의 인터뷰에서 특히 인상적이었던 부분은 바로 지금 우리가 다룰 주제인 '멈추기'다.

즉각 튀어나가려는 반응 붙들기

그는 말문이 막힐 때 일단 정지한 후 10초를 센다고 한다. 짧을 때는 3초를 세기도 하면서 어떤 반응도 하지 않는다. 이는 자동 반사적인 경직 반응이 아니라 의도적인 반응 지연이며, 참는 것이 아니라 식히는 것이다. 마치 주식 폭락장에서 패닉 셀링을 방지하고 시장을 진정시키기 위해 모든 거래를 일시 정지시키는 서킷 브레이커의 역할과 비슷하다. 실제 대화가 오가는 상황에서 3초의 침묵은 생각보다 길게 느껴질 수 있는데, 특히 상대방의 표정에 당황한 기색이 역력할 때 대부분의 사람들은 어색함과 불편함을 견디지 못해 즉각 반응하면서 실수하고 후회하는 경우가 많다.

감정적으로 흥분된 상태일 때는 아무 결정도 내리지 않는 게 좋다. 특히 날뛰는 감정이 10점 만점에 10점인 상태에서는 절대 반응하지 않고 6점 정도로 내려갈 때까지 한 김만 식혀도 내 마음의 소리를 제대로 듣고 더 나은 선택을 할 수 있다. 이때 우리는 한순간의 감정에 휘둘리지 않고 직관이라는 진정한 마음의 소리를 들어 보다 명료한 상황 판단으로 침착하게 대응할 수 있다.

운전을 처음 배우는 사람은 잔뜩 긴장한 탓에 앞만 보고 가는 경우가 많다. 갑자기 신호등이 바뀌는지, 옆 차가 끼어드는지, 어린이 보호구역에서 보행자가 갑자기 뛰어들지는 않는지, 한꺼번에 쏟아지는 정보를 넓은 시야에서 바라보지 못해 사고가 나기도 한다. 소통을 할 때에도 긴장하고 흥분한 상태에서는 마음의 시야가 좁아져서 판단력이 흐려진다. 이때 감정 조절력과 자제력이 감소하고 충동성은 급격하게 증가해서 급발진하기 쉽고, 공감과 관련된 뇌 영역의 활동성 또한 억제된다. 결국 감정이 휘두르는 대로 한 방향만 보고 돌진한다.

쫓기고 두려운 마음에 다정함이 설 자리는 없다

사회심리학자 존 달리(John Darley)와 대니얼 뱃슨(C. Daniel Batson)은 사람들의 이타심이 어디서 비롯되며 무엇 때문에 정도의 차이를 보이는지에 대해 의문을 품었다. '곳간에서 인심 난다'는 말처럼 타인에 대한 공감과 이타심은 상황에 따라 달라지는 것일까? 아니면 개인의 성격적 특징에 따른 것일까?

    1973년, 이들은 그 유명한 '선한 사마리안인 실험'을 진행했다. 두 사람은 프린스턴대학교 신학과 학생들을 대상으로 종교 교육과 직업 소명에 대한 연구에 참여하도록 하고, 먼저 이들의 종교적 동기에 대한 성격적 특성이 있는지 파악하기 위해 설문지를 작성하도록 시켰다. 그리고 참여자들을 두 그룹으로 나눈 후 과제를 주었는데, 한 그룹은 이타심에 대한 성경 이야기인 선한 사마리아인에 대한 주제로 발표를 시키고, 다른 그룹은 진로에 대해 발표하도록 했다. 학생들은 과제 발표를 하기 위해 다른 건물로 이동해야 했는데, 이동 중에 길에 넘어진 채 끙끙거리는 사람을 보았을 때 그들이 과연 어떤 행동을 취하는지 관찰해 보았다.

    실험 결과는 흥미로웠다. 전체적으로 40퍼센트의 학생들이 그냥 지나치지 않고 도움을 주었는데, 이타심에 대해서 발표한다고 해서 더 이타적인 행동을 보이지 않았고 성격적 특성 또한 이타적인 행위에 별다른 영향을 미치지 않았다. 이들의 행동에 가장 영향을 미친 요인은 시간적 압박이었다. 건물을 나서기 전 일찍 도착할 수 있을 것 같다는 말을 들은 학생들의 63퍼센트가 넘어진 사람을 도와주었고, 시간에 딱 맞게 도착할 거라는 말을 들은 학생들의 45퍼센트가, 그리고 늦어서 서둘러야 한다는 말을 들은 학생들 중 단 10퍼센트만이 이타적인 행위를 했다. 그렇다면 정신없이 빠른 속도에 발맞춰 늘 쫓기듯이 살아가는 현대인들의 경우 공감 능력과 다정함을 앗아가는 환경에 내몰린 것은 아닐까?

또 다른 실험을 살펴보자. 신경과학자 베이어와 연구진은 30명의 건강한 여성을 대상으로 위협적 자극에 대한 감정 반응성과 마음이론 능력 사이에 관계가 있는지 관찰했다. 이 실험은 돌발적인 위험에 반응할 때 감정 반응이 큰 (이른바 '깜놀'하는) 여성과 적은 ('담담한') 여성 두 그룹으로 나누어 뇌의 활동을 비교해 보았다. 그 결과, 흥미롭게도 위험에 대한 감정 반응이 적은 여성들은 위험에 노출되었을 때 공감과 관련된 뇌 영역의 활동성이 더 활발했고, 감정 반응이 큰 여성들은 이와 상반되는 결과를 보여주었다. 실험 결과의 의미는 감정이 날뛰는 상태일 때는 공감 능력이 억제되고, 안정적이고 차분한 상태일 때는 마음의 여유를 가지고 공감 능력을 발휘할 수 있다는 것이다.

이 두 실험은 우리가 지닌 마음이론 능력을 제대로 발휘하지 못하도록 방해하는 조건이 있으며, 갈등의 순간에도 공감하는 소통을 하려면 준비된 자세가 될 때까지 잠시 멈추어 기다릴 필요가 있다는 것을 말해준다. 불확실하고 두려운 상황에서도 삶의 속도를 조절하고 담담하게 대응할 때 우리는 마음에 여유를 가지고 다정함에게 자리를 내어줄 수 있고, 자신의 무게중심을 축으로 흔들리지 않는 편안함을 유지할 수 있다.

기차를 세우는 힘, 그 힘으로 기차는 달린다

시간을 멈추는 힘, 그 힘으로 우리는 미래로 간다
무엇을 하지 않을 자유, 그로 인해 무엇을 해야 할 것인가를 안다
무엇이 되지 않을 자유, 그 힘으로 나는 내가 된다
세상을 멈추는 힘, 그 힘으로 우리는 달린다
정지에 이르렀을 때, 우리가 달리는 이유를 안다
씨앗처럼 정지하라, 꽃은 멈춤의 힘으로 피어난다
_ 백무산, 〈정지의 힘〉

감정의 브레이크 밟는 법

당황해서 말문이 막힌다면 급발진하는 대신 브레이크를 밟는다. 날뛰는 감정을 식히고 마음의 시야를 확보하기 위해 잠시 기다려준다. 이때 가장 간단한 첫 번째 방법은 앞서 언급한 대로 단순하게 3초나 10초를 세는 것이다. 실제로 해보면 대화 중의 3초는 짧지 않은 시간이다. 잠깐 끊어주는 것만으로도 내 마음의 시선과 분위기를 환기하는 효과가 있다.

두 번째 방법으로 숨 고르기를 하는 것도 좋다. 잠시 멈추어 수를 세는 동안 호흡에 집중하는데, 이때 천천히 복식호흡을 하는 것보다 규칙적이고 편안하게 호흡하는 것이 중요하다. 숨 고르기에는 다양한 호흡법이 있는데, 여기서 소개할 방법 중 하나는 4·3·5 호흡법이다. 먼저 4초 동안 천천히 숨을 들이쉰다. 숨을 들이쉴 때 마치 풍선처럼 몸이 부풀어 오르는 것을 느껴본다. 그런 다음 3초간 멈추었다가 5초간 천천히 숨을 내쉬며 몸에 바람이 빠지는 감각을 느껴본다. 숨을 한꺼번에 들이쉬거나 내쉬지 말고 골고루 나누어 쉰다는 느낌으로 호흡한다. 호흡이 고르고 규칙적인 상태가 될 때까지 계속한다.

스트레스볼처럼 말랑말랑하고 촉감이 좋은 물체를 들고 다니며 활용해도 좋다. 숨을 들이쉴 때 꼭 쥐었다가 내쉴 때는 모든 근육을 한번에 탁 놓아버리는 느낌으로 놓는다. 마무리를 할 때는 아기가 쥠쥠을 하듯이 천천히 여러 번 쥐었다 놓으며 긴장과 이완이 주는 신체 감각에 집중한다. 마음이 조급할 때는 동작이 빨라지고 기계적으로 반복하기 쉬운데 이때는 의도적으로 속도를 늦춘다.

세 번째 방법은 타임아웃이다. 멈추기는 시간적인 거리 두기뿐만 아니라 물리적인 거리 두기가 될 수도 있다. 마치 카메라로 줌아웃을 하듯이, 잠시 몇 걸음 뒤로 물러난다. 그리고 고개를 들어 넓은 시야에서 전체적인 그림과 흐름을 풍경처럼 바라본다. 하던 것을 놓고 뒷짐을 진 채 의식적으로 '하나, 둘, 셋'을 세며 뒤로 물러난다. 잠시 바람을 쐬고 오는 것도 좋은 방법이다. 상대방에게 타임아웃을 요청한 후 몇 분만이라도 밖에서 걷거나 숨 고르기를 한다. 필요에 따라 한나절이 되거나 며칠이 될 수도 있다. 그러나 타임아웃은 단순히 불편함을 모면하거나 회피하기 위해 상황을 기약 없이 지연시키는 것이 아니라 준비된 자세로 다시 대화를 하기 위함이므로, 기한을 정해두고 다시 돌아와 매듭을 짓는 것이 중요하다.

멈추기는 자제력과 감정 조절력의 시작점이자 핵심이다. 그리고 서로에 대한 이해와 다정함을 위한 밑작업이다. 그러나 가장 단순하지만 가장 실천하기 어려운 부분이기도 하다. 감정의 가속도가 붙은 상태에서 막상 브레이크를 밟으려는 순간 걱정과 불안이 등을 떠밀어 자동반사적으로 반응하기 쉽기 때문이다.

'화를 참기만 하면 나 혼자 상처받겠지?'

'그렇다고 화를 내버리면 수습이 불가능할 정도로 폭주하지 않을까?'

'대화를 갑자기 멈추면 분위기가 어색해지거나 날 이상하게 보지는 않을까?'

그러나 '늘 하던 대로 하는' 마음의 관성과 그 순간 폭주하는 감정의 가속도를 이겨내고 일단 브레이크를 밟아야 한다. 멈추면 비로소 보이는 것들이 있다. 멈추어야 '반응'하지 않고 '대응'할 수 있다.

알아채기,
멈추면 비로소 보이는 것들

감정적으로 흥분이 일어날 때 브레이크를 밟고 잠시 기다려본다. 무엇을 하려고 하지 않아도 된다. 특히 어떤 것도 바꾸려 하지 말고 단지 내 상태를 알아차리는 것만으로도 충분하다. 잠시 멈추는 시간적 거리와 잠시 물러나는 물리적 거리는 날뛰는 감정과 충동적 반응 사이에 작은 공간을 내어 마음의 시야를 확보해준다. 이제 마음의 풍경이 한눈에 들어오는 곳에 잠시 앉아 기다려보자.

이때, 멈추면 비로소 보이는 것들은 무엇일까?

'화'는 잘못이 없다

마음의 풍경 안에는 다양한 그림이 담겨있다. 우리가 처한 상황이 그림의 전체적인 배경이 되고 그 안에 조각난 구름처럼 이런저런 생각이 떠다닌다. 멈추지 않는 파도처럼 늘 일렁이는 감정이 있고, 바람처럼 마음을 움직이는 욕구가 담겨있다. 나쁜 감정이란 없다. 어떤 감정이라도 각자 나름의 기능이 있기 때문이다. 문제는 감정이 아니라 감정에 반응하는 방식이다.

'분노'라는 감정을 살펴보자. 분노는 마치 절절 끓는 마그마처럼 분출하려는 속성을 가지고 있다. 그 폭발력이 대단해서 한바탕 쏟아내야 잠잠해질 것 같지만 실은 화를 낼수록 더 화가 난다. 분노에 휩싸이면 눈이 돌아가 보이는 게 없어진다는 말처럼 자신의 감정에만 몰입하면 완전히 매몰되어 버리고 만다. 걷잡을 수 없는 에너지로 뜨겁게 고조되어 브레이크 없이 폭주하다가 마침내 자기 자신뿐만 아니라 주변의 모든 것을 다 태워버리고 진이 빠질 때가 되어서야 분노는 사그라든다. 정신을 차리고 보면 관계를 이어주던 나무다리는 이미 흔적도 없이 타버리고 나 홀로 섬처럼 앉아 죄책감이라는 무거운 돌을 안고 끝도 없이 가라앉는다.

물론 그렇다고 해서 화를 참기만 하는 것도 좋지 않다. 안으로 향하는 분노는 자신을 공격하기 때문이다. 참고 참다가 압력을 견디지 못해 폭발해버리면 자신과 타인 모두 파괴하는 참혹한 결과가 벌어진다. 시야가 극도로 좁아진 상태에서는 화를 내거나 화를 참는 두 가지 선택지만 보인다. 그러다 결국 어쩔 수 없었다며 막다른 곳으로 떠밀려간다. 정말 우리에게는 두 가지의 선택지만 있는 걸까?

많은 사람들이 화가 나는 것과 화를 내는 것을 혼동한다. 화가 나는 것은 '감정'이고, 화를 내는 것은 '행동'이다. 화라는 감정을 느끼는 것은 일종의 내적 현상이므로 그 자체로는 아무런 문제가 없다. 우리는 자신의 영역이 침해당했다고 생각할 때와 응당 그러해야 한다고 믿는 최소한의 규칙이 깨졌다고 생각할 때, 이를 저지할 수 있는 화라는 감정 에너지를 폭발적으로 끌어올린다. 이는 에너지 소모가 큰 감정이다.

화가 나도 괜찮다. 그럴 수 있다. 이는 나의 마음이 어떤지 다정하게 살펴보라는 강력한 신호다. 다만 화의 감정을 욕설을 하고 소리를 지르거나 물건을 부수는 등 폭력적인 방식으로 분출할 때는 문제가 된다. 감정과 행동을 분리하면 화가 날 수는 있지만 화를 내지는 않아도 된다. 감정은 느끼되 행동은 선택할 수 있다. 우리에게는 화를 내지도 않고 화를 참지도 않는 제3의 선택지가 있다. 그것은 '화가 난다'고 자신의 감정을 말로 표현하는 방법이다. 비가 오면 비가 온다고 말하는 것처럼, 그 누구도 공격하지 않고 자신의 내적 현상을 있는 그대로 말할 뿐이므로 그 자체는 문제가 될 수 없다. 마치 계속 부풀어 오르는 풍선은 수시로 바람을 빼주어야 터지지 않는 것처럼 자신의 감정을 담담하게 말로 표현한다. 자신이나 타인을 파괴하지 않는 선택지를 통해 절제된 방식으로 분노를 활용할 때, 이는 오히려 삶의 동력이 될 수 있다.

멈추었을 때 비로소 알 수 있는 것들

우리가 흥분했을 때 브레이크를 밟지 않고 급발진을 하도록 등을 떠미는 또 다른 원인은 침묵에 대한 걱정과 두려움이다. 이러한 걱정과 두려움의 실체는 무엇일까? 바로 '가만히 있으면 내가 이상하게 보이지는 않을까? 침묵이 어색하고 불편하진 않을까?' 하는 불안이다.

대부분의 사람들은 침묵을 견디기 힘들어하지만, 침묵도 메시지다. 감정을 식힐 때까지 기다려달라는 정당한 요구이자 내 주도권을 되찾아 스스로 결정하고 책임질 시간을 갖겠다는 표현이다. 상대방이 재촉해도 서두를 필요가 없다. 어색하고 불편하겠지만 단 몇 초라도 침묵을 견디는 연습이 필요하다. 대화는 함께하는 것이기에 혼자 분위기를 주도하기 위해 애쓸 필요가 없다. 침묵을 회피하기 위해 의도치 않은 말이나 불필요한 말을 하면 부작용이 생길 수 있다. 내가 조용하면 오히려 상대방이 공백을 메우기 위해 말을 이어가는 경우가 많다. 속도 조절을 하면서 잠시 쉼표를 찍는 침묵은 말에 깊이를 더하고 여운을 남기면서 강조하는 효과를 주기도 한다. 침묵 또한 일종의 메시지임을 명심하고 이를 적절하게 활용할 필요가 있다.

멈추면 비로소 보이는 것은 보다 넓은 시야에서 보다 명료하게 드러나는 상황이다. 멀리서 보고 다른 각도에서 보면 흑과 백 사이의 무수한 회색이 펼쳐진다. 미처 보이지 않던 선택지가 새롭게 보인다. 멈추면 비로소 들리는 것은 보다 또렷하게 들리는 내 마음의 소리다. 정신없이 웅웅거리던 엔진을 끄고 조용히 귀를 기울이면 무슨 생각이 들고 어떤 감정이 일어나며 원하는 것은 무엇인지 내 마음이 알려주는 진정한 소리를 들을 수 있다. 멈추면 비로소 느낄 수 있는 것은 공감이다. 공감 능력은 감정이 날뛰는 상태일 때는 제대로 발휘되지 않는다. 상처받은 나와 너의 마음을 이어주는 밧줄이 끊어지고 혼자만의 우물 속으로 빠져들게 된다. 잠시 멈추면 기분대로가 아니라 마음이 이끄는 대로 살아갈 수 있다. 반응하지 않고 대응할 수 있다.

몸, 감정, 생각의 시그널

당황스러워 말문이 막히고 내면에 감정이 들끓어 자동반사적으로 반응해버리는 것보다 단 몇 초라도 멈추고 대응하는 '멈추기-대응하기(STOP-RESPOND)'는 일상의 소통에서 간단하게 실천할 수 있는 방법이다. 이에 더해 날뛰는 감정과 충동적인 반응 사이의 공간을 활용하여 알아차림을 하는 '멈추기-알아채기-대응하기(STOP-NOTICE-RESPOND)'를 살펴보자.

    가장 단순한 알아채기는 당황한 순간 멈추어 크게 숨을 들이쉰 후 자신의 감정을 먼저 점검하는 것이다. 이 순간 어떤 감정을 느끼는가? 격렬한 감정을 느낀다는 것은 내 마음 안에서 무엇인가 일어나고 있으니 살펴보라는 신호다. 타임아웃으로 조금 더 시간을 가질 수 있다면 '몸-감정-생각'의 3층집 기법으로 이를 더욱 자세히 들여다본다. 순간적인 알아차림이 가능하려면 연습과 훈련이 필요한데, 같은 실수를 반복하는 어린아이를 가르치거나 우는 아이를 달래듯이 다정함과 인내심으로 반복해야 한다. 3층집 기법은 속에 담아두었던 마음의 소리를 모두 밖으로 꺼내어 들어주는 과정이다.

1단계: 몸의 반응으로 현재 상태 점검하기

일단 멈추었다면 숨 고르기를 하면서 1층에서 시작한다. 1층은 '몸'이다. 눕거나 편하게 앉아 눈을 감고 감정에 가장 즉각적이고 강렬하게 반응하는 몸의 감각에 집중한다. 몸의 특정 부위에서 어떤 반응을 하는지 주의를 기울여보자. 개인마다 느끼는 감각적 경험은 다양한데, 대개 화가 났을 때는 뜨거운 감각이 명치에서 치고 올라오면서 머리가 터질 것 같은 느낌이 들거나 팔다리에 힘이 들어가는 것을 느낄 수 있다. 슬프고 절망적이라면 바람 빠진 풍선처럼 축 늘어지고 무거운 느낌이 들거나 가슴이 휑한 느낌이 들 수 있다. 불안하다면 심장이 빨리 뛰고 호흡이 가빠지면서 속에서 무언가가 휘젓는 느낌이 들지도 모른다. 몸의 감각에 형체가 있다면 어떤 질감이고 어떤 색깔이나 모양을 가졌는지 살펴보고, 또 어떻게 움직이는지 다정한 눈으로 관찰해 보자. 그 형체에 가까이 다가가 숨을 들이쉰 후 '호' 하고 따뜻한 바람을 불어준다. 이때 갖가지 생각과 감정이 올라오기도 하는데, 호흡을 지속하면서 이를 알아채고 다시 몸의 감각으로 돌아온다. 알아채고 돌아오고, 알아채고 돌아오고……. 이 과정이 수십 번 계속 되더라도 반복한다. 알아채고 돌아오는 것을 반복하는 연습은 현대적 명상 기법이라고 할 수 있는 '마음 챙김'의 기본기 중 하나다.

'심장이 이렇게 빨리 뛰다니 심장마비인가? 땀이 이렇게 나다니 겁쟁이잖아.' 이런 생각이 들 수도 있고 덜컥 두려움이 덮칠 수도 있다. 이런 생각이나 감정을 평가하려 하거나 없애려 들지 말고 단지 이를 인지하고 마음의 시선을 몸으로 되돌리는 것, 그리고 감시의 시선이 아닌 다정한 시선으로 지켜본다는 것, 이 두 가지가 3층집 기법의 핵심 과제다. 이제 몸에서 어떤 반응을 하는지 소리 내어 말해본다.

몸의 신호에 둔감하면 아무리 몸이 지쳐있어도 이를 지나치거나 무시하면서 자신을 혹사시키기 쉽다. 이런 경우 평소에 마음챙김의 일종인 바디스캔 연습을 통해 몸의 감각에 집중하는 훈련을 하는 것도 좋다.

2단계: 감정의 이름을 부르고 인정해주기

1층에서 몸의 반응으로 마음 상태를 점검했다면 이제 2층으로 올라간다. 2층은 '감정'의 층이다. 지금 자신이 느끼고 있는 감정을 모두 꺼내어 감정의 이름을 소리 내어 말해본다. 예를 들어 "답답하고 화가 나"라고 말한 후 "답답하고 화가 나……. 그런 감정이 드는구나" 하고 꼬리말을 붙여준다. 꼬리말을 붙이는 이유는 나와 나의 감정, 나와 나의 생각에 적절한 '사이'를 두어 다정하게 바라보기 위해서다.

우리는 불편한 감정에 반응할 때 억압하고 회피하거나, 자신이나 타인을 공격하면서 해소하기 쉽다. 그러나 이럴 때일수록 도움을 요청해야 하는데, 누구보다 자기 자신이 먼저 도와주어야 한다. 누군가 내 마음을 알아주기만 해도 진정되는 것처럼 스스로 자기 감정을 알아주면 애쓰지 않아도 어느 정도 진정되는 효과가 있다. 그러나 평소에 감정을 억압하는 데 익숙한 사람들은 자신의 감정에 대해 알아차리기 힘들 수도 있다. 과거에 부정적인 감정을 표현했을 때 '네가 그렇게 느끼면 안 되지' 같은 말로 감정을 부정당하거나 처벌받는 경우가 빈번했기 때문이다. 또는 극심한 감정적 고통에 지속적으로 노출된 경우에도 감정은 아프고 나약하며 나쁜 것이라고 학습할 수 있다. 따라서 감정을 회피하고 억압하거나 차단하는 방식으로 자신을 보호해왔을 것이다.

    기분이 나쁜데 어떻게 표현해야 할지 모르겠다면 분노, 혐오, 속상함, 불안, 좌절감 등 다양한 모습의 부정적인 감정이 세분화되지 않고 감정 어휘력도 부족한 상태라는 것을 말해준다. 그렇다면 단지 '기분이 나쁘다'라는 지점에서 시작해도 좋다. 그런 다음 '그렇게 느껴도 돼, 그럴 수 있어'라고 자신을 달래주며 오른손으로 왼쪽 어깨를 토닥토닥 두드려준다.

3단계: 찾아온 생각을 있는 그대로 읽어주기

이제 3층으로 올라간다. 3층은 '생각'의 층이다. 회상과 기억, 해석, 평가, 분석, 예측, 걱정, 비교, 상상 등 다양한 종류의 생각들이 구름처럼 끊임없이 떠다니는 곳이다. 잡힐 듯 잡히지 않거나 잠시 손에 잡혔다가 다시 떠내려가는 생각이 있는가 하면 끈적하게 달라붙어 떠나지 않는 생각도 있다. 불청객처럼 불쑥 나타나는 생각이라도 없애려고 하거나 바꾸려 하지 않고 그냥 '왔군요' 하며 문을 열어주고 '그랬군요' 하고 들어준다. 생각의 속성 또한 억압하고 통제할수록 더욱 찰싹 달라붙고 반동하는 속성이 있기 때문이다.

　나 자신은 나의 생각과 동일하지 않으며 생각은 구름처럼 지나갈 수 있으므로 붙잡지 않고 밀어내지도 않는다. 불청객이 오더라도 파티는 계속되는 것처럼 말이다. '난 정말 한심하고 바보 같아'라는 생각이 든다면 "난 정말 한심하고 바보 같아……. 이런 생각이 드는구나' 하고 꼬리말을 붙여 소리 내어 말해주는 것으로 충분하다. 한바탕 지나가고 나면 멀리서 보고 다른 각도에서 볼 수 있다.

　카메라를 당겨 줌인을 하듯이 각 층을 관찰했다면, 이제 줌 아웃을 하며 3층집의 전체 모습을 바라본다. 몸의 감각, 감정, 생각 등 어떤 내적 경험이라도 좋으니 떠오르는 것을 소리 내어 말해본다. 이제 마무리를 위해 자신을 위한 세 가지 기도를 한다. 빈칸에는 자신의 이름을 넣어 불러준다.

　"○○아/야, 나는 네가 건강하고 아프지 않았으면 좋겠어."
　"○○아/야, 나는 네가 편안해졌으면 좋겠어."
　"○○아/야, 나는 네가 행복했으면 좋겠어."

　자, 이제 자신에게 물어보자. 좀 더 생각할 시간이 필요한 걸까? 무리한 상황이라 거절하고 싶은 걸까? 지적이나 조언 대신 따뜻한 위로가 필요한 걸까? 상처받을까 봐 두렵다고, 함께 있어달라고 말하고 싶은 걸까? 결론적으로, 내가 정말 원하는 것과 필요한 것은 무엇일까?

　'우리의 무게중심은 어디에 있는가?'라는 질문에 대해 인도의 힌두교에서 전해지는 이야기가 있다. 옛날 옛적 인간은 위대한 존재였고 모든 곳에 신이 깃든 신성한 세상에서 살았다. 그러던 어느 날, 인간은 자만하여 자신들의 힘을 마구 휘두르기 시작했다. 자신들이 진리를 발견했으며 세상을 창조할 수 있다고 믿었다. 급기야 스스로를 신적인 존재라고 선언했고 더 이상 신을 숭배하지 않았다. 그러자 신 중의 신 브라마가 이를 괘씸히 여겨, 인간의 신성함을 빼앗아 절대 찾을 수 없는 곳에 숨겨 놓기로 했다. 이를 어디에 숨길지 고민하던 브라마는 신들의 모임을 열었다. 가장 깊은 땅속에 묻는 것도, 가장 깊은 바다 속에 던지는 것도, 가장 높은 산에 올려두는 것도 모두 탐탁지 않았다. 곰곰이 생각하던 브라마는 마침내 입을 열었다. "너무 가까이 있어 오히려 쳐다보지 않을 곳에 숨겨 놓으리라." 그리하여 브라마는 모든 인간의 마음 깊은 곳에 신성함을 꽁꽁 숨겨 놓았다. 인간이 아무리 깊이 땅을 파고, 심해를 탐험하고, 높은 산의 정상에 올라도 헛수고였다. 인간이 그렇게 찾아 헤매던 것은 이미 그들의 마음 안에 있었기 때문이다.

대응하기,
통제가 아닌 조절

아무리 지금 마음이 힘들고 나를 둘러싼 관계들이 모두 엉망인 것 같아도 곰곰이 생각해 보면 지금까지 누군가에게 사랑을 주거나 받아본 기억이 분명 있을 것이다. 그때를 떠올려보자. 그것은 아마도 누군가 나를 섣불리 평가하거나 고치려 들지 않고 있는 그대로 내 마음을 들어주었던 때일 것이다. 그럴 수도 있다고, 꽤 괜찮은 사람이라며 나를 인정해주고 격려해주었을 때, 혹은 내가 스스로 길을 찾을 때까지 다그치지 않고 산처럼 기다려주었던 때일 것이다. 어떤 합당한 이유를 대거나 증명할 필요 없이 그냥 나 자체로 사랑한다고 말해주고 아무 대가 없이 나의 안녕을 기도해주었을 때, 우리는 그것을 사랑의 기억이라고 부를 수 있을 것이다. 그렇다면 과연 나는 나 자신을 충분히 사랑해주고 있는 걸까?

자신을 사랑하는 매우 구체적인 방법

우리는 자기 자신에게도 충분히 사랑을 주지 못하면서 다른 사람들이 사랑해주기를 바란다. 자기 자신을 인정해주지 않으면서 다른 사람들이 인정해주기를 바란다. 자신의 마음을 이해하지 못하면서 상대가 이해해주길 바라고, 자신의 마음도 잘 모르면서 상대의 마음을 알고 싶어 한다. 또 정작 자신의 문제는 돌아보지 못하면서 타인의 문제를 고치는 데 열중하기도 한다. 자기 공격은 익숙하고 자기 사랑에는 서툴러서, 결국 우리를 휘두르고 괴롭히는 사람은 다름 아닌 자기 자신일 때가 많다. 이것을 내면의 비판자(inner critic)라고 한다. 아무리 대단하고 강해 보이거나 아무렇지 않은 척해도 누구나 마음속에는 외로움과 슬픔, 두려움이 존재한다. 굳이 타인이 휘두르지 않아도 내면의 비판자로 인해 스스로 휘둘릴 때가 많다.

내 마음을 알아주는 누군가가 절실하게 필요하다면 내가 먼저 나 자신에게 그러한 사람이 되어주자. 불확실한 미래와 타인의 마음 안에서 길을 잃고 자신에 대해 의문이 들더라도 우리가 확신할 수 있는 한 가지가 있다. 어떤 일이 닥치더라도 내 마음을 들어줄 사람은 이미 있다는 것이며, 그가 영원히 내 옆에 있어줄 것이라는 것. 그 사람은 바로 나 자신이다.

자기사랑은 자아도취나 오만이 아니다. 나만 당하고 산다는 피해 의식이나 나만 불쌍하다는 자기 연민도 아니다. 나만 지키기 위해 책임 없이 무한정 주어지는 자유도 아니다. 타인을 무시하거나 적대시하고 분노와 혐오를 쏟아내는 사람들은 자신을 너무나 사랑하고 지키고 싶어서 그러는 것 같지만, 실은 자기 자신도 같은 기준으로 대하고 있을지 모른다. 이제 자기혐오와 자기공격을 멈추고 나 자신과 연결되어 사랑해줄 시간이다. 자신을 사랑하고 돌보는 가장 구체적인 방법은 다정한 시선으로 내 마음을 먼저 들여다보는 알아차림에서 시작한다.

평소 알아차림을 훈련하기 위해서 꾸준히 3층집 기법을 연습하거나 일기를 쓰는 것도 좋다. 글 솜씨가 뛰어나지 않아도 되고 매일 쓸 필요도 없다. 마음에 남거나 기억할 만한 사건이 있을 때마다 편안하게 써보자. 어떻게 시작해야 할지 모르겠다면 3층집 기법을 기본 구조로 삼아 이때 경험한 몸의 감각과 감정, 생각을 정리해 보자. 아무리 모자라고 못난 모습이라도 다정하게 들어주는 사람이 있다는 믿음으로 솔직해질 수 있는 시간을 가져본다.

　일기를 마치며 앞서 다루었던 자신을 위한 세 가지 기도를 반복하는 것도 유용하다. 세 가지 기도를 짧게 녹음하여 하루를 시작하는 1분 아침 명상으로 활용하는 것도 좋은 방법이다. 틈틈이 마음 일기를 쓰면 어지러운 마음에 방 정리를 해두는 것처럼 당황해서 말문이 막히는 상황에서도 자신의 무게중심을 잡고 침착하게 대응할 수 있다.

몸과 감정, 생각의 균형 감각과 대응하기

같은 상황에서도 감정 기복이 크지 않고 침착하게 대응하는 사람들이 있는 반면 소위 다혈질이나 분노조절장애라 불릴 만큼 폭발적으로 반응하는 사람들도 있다. 무엇이 이런 차이를 만들어내는 것일까? 앞서 불안을 다룰 때 우리는 생각의 차이를 이야기했지만, 이 개념을 더욱 확장시킨 사람이 있다.

　스탠퍼드대학교 심리학과의 제임스 그로스(James Gross) 교수는 같은 상황을 다르게 반응하는 것은 감정조절력이라는 처리 과정에 따른 차이라고 설명한다. 감정조절력은 부정적인 감정을 처리하고 이에 대응하기 위해 설계된 시스템으로, 마치 모래 위에서 한 발로 서 있거나 항온동물이 일정한 체온을 유지하는 것처럼 마음의 균형 상태를 유지하기 위해 작동한다. 감정조절력은 마치 3층집처럼 이루어진 뇌의 구조 전체가 활발하게 위아래를 오가면서 서로 자극하고 조절하는 방식으로 상호 작용한다. 경보음을 울리며 날뛰는 감정의 뇌가 생각의 뇌를 휘몰아치기도 하고, 살펴보니 그리 큰일은 아니며 수습 가능하다고 말해주는 생각의 뇌가 감정의 뇌를 진정시키기도 한다. 수면 부족을 겪거나 몸이 피곤하고 아플 때 쉽게 짜증이 나고 부정적인 생각에 빠지는 것처럼 몸의 뇌가 생각의 뇌와 감정의 뇌에 영향을 미치기도 한다. 3층에 있다고 해서 1층, 2층보다 우월한 위치에서 통제하는 역할을 하는 것이 아니라 서로 영향을 주고받는다.

그렇다면 감정조절력을 발휘하여 마음의 균형을 유지하고 대응하기 위해서는 어떻게 하는 것이 좋을까? 먼저 충분히 잘 먹고 잘 자고 잘 쉬면서 몸의 기본적인 요구 사항을 돌봐주어야 한다. 감정의 뇌가 동요할 때에는 생각의 뇌가 개입할 수 있는 공간을 만들어주기 위해 멈추기를 하고, 생각의 뇌로 알아차린 후 대응을 선택한다. 그런 다음 잠시 식히고 있던 감정의 뇌가 다시 출동하면서 실행을 위한 동기와 추진력을 끌어올린다.

생각과 마찬가지로 감정 또한 통제하려 애쓴다고 해서 통제되지 않는다. 다만 조절하는 것이다. 아무리 부정적인 감정이라도 잠시 멈추어 마음의 신호로 받아들이면 이를 조절하여 감정의 순기능을 충분히 활용하는 방식으로 대응할 수 있다. 감정은 받아들이고 대응은 선택할 수 있다.

태도는 다정하게, 내용은 분명하게

에밀리는 최근 남자 친구의 연락이 뜸해진 것 같아 불안하다. 오늘도 연락을 기다리다 온갖 불쾌한 상상이 가지를 치기 시작한다. '이제 내가 싫어진 걸까?' '혹시 다른 사람이 생긴 걸까?' 오래전 헤어진 여자 친구의 사진을 지우지 않은 일이나 근래 부쩍 야근이 잦아진 것도 의심스럽다. 에밀리는 그동안 눈에 거슬렸던 애인의 행동을 하나하나 곱씹으며 의미를 부여하기 시작한다. 밤새 끙끙 앓다가 의심은 이내 확신으로 굳어진다. 먼저 연락해 보고 싶어도 피곤하게 굴거나 매달리는 것처럼 보일까 봐 두렵다. 관계의 을이 되거나 자존감이 낮은 사람으로 보이는 것도 자신이 초라해질까 봐 두렵다. 겉으로는 아무렇지 않은 척해도 속은 새까맣게 타들어간다. "같이 휴가 가기로 해놓고 아직도 연차를 안 내고 있으면 어떡해? 넌 항상 사람을 기다리게 만들고, 내 생각은 하나도 안 하지? 전에도 너 때문에 계획이 다 꼬였잖아." 에밀리는 결국 다른 일들을 꺼내어 트집을 잡는다.

에밀리는 무엇이 불안한 걸까? 예전보다 연락이 뜸해진 상황에서 관계가 소원해진 것 같다는 생각과 자신이 싫어지거나 다른 사람이 생겨 헤어질 수 있다는 생각에 불안함을 느끼는 것이다. 결국 불안이 끌고 가는 최악의 종착역은 초라하게 버려진 자신의 모습이다. 안 그래도 걱정과 불안에 시달리는 참에 아직 연차 신청을 하지 않았다는 남자 친구의 말이 기름을 붓고 말았다. 그의 행동 자체보다 이 행동이 자신을 생각해주지 않는다는 의미로 다가오기에 더욱 화가 난다.

그렇다면 그녀가 원하는 것은 무엇일까? 정말 남자 친구를 사랑해서일 수도 있고 초라하게 버려진 자신의 모습을 피하고 싶어서일 수도 있지만, 일단 관계를 유지하고 싶다는 것이다. 그러기 위해 지금보다 자주 연락했으면 좋겠고, 그럴 수 없다면 사정을 듣고 싶다는 것이다. 자신의 감정과 욕구가 분명해졌다면 '감정+요구' 공식을 활용해서 먼저 대화를 시도하면 된다.

"요즘 연락이 뜸해서 섭섭하기도 하고 걱정돼. 무슨 일이 있으면 나에게 알려주고, 바쁘더라도 하루에 한 번은 문자라도 보내주면 좋겠어."

정확하지도 않은 사실을 혼자 상상하며 들끓는 마음에 그대로 반응하는 것보다 이렇게 자신의 감정과 생각을 들여다보고 정리한 뒤 차분히 대응하는 것이 보다 건강한 관계를 만드는 방법이다. 이때 중요한 것은 태도는 다정하게, 내용은 분명하게 전달하는 것이다.

마음의 매듭을 풀어낼 타이밍

나는 결정을 내리고 나면 후회와 아쉬움이 남더라도 길게 끌고 가는 일이 거의 없는 편인데, 그것은 내 결정이 항상 옳아서가 아니다. 다만 선택의 갈림길에서 동시에 여러 길을 다 가볼 수 없고 가보지 않은 길에는 늘 아쉬움이 남는다는 것을 알기 때문이다. 되돌아보면 매 순간이 처음 맞이하는 상황이므로 늘 완벽한 결정을 내릴 수 없고 정말 완벽했는지 알 수도 없다. 지나서야 보이는 것들도 많기 때문에 그 당시에는 나름대로 최선의 선택을 했을 거라고 나 자신을 믿고 위로하면서 아쉬움과 후회를 두고 올 뿐이다. 그래서 되돌아보되 뒤돌아 걷지는 않는다. 이미 지난 일은 어쩔 수 없으므로 어떤 결과라도 받아들이고, 모두 다 잘될 거라는 낙관은 아니지만 어떻게든 방법은 있을 것이라고 믿고 간다. 절망이 아니라 희망을 선택했다면 뒤돌아 머뭇거리는 일 없이 그저 가는 것이다.

누구나 실수하고 후회하는 순간이 있다. 나 또한 예외가 아니다. '그 말은 하지 말걸, 실수한 것 같아' 하고 곱씹으며 자신을 나무라는 날들이 있다. 특히 몸이 피곤하고 아플 때나 감정이 들뜨거나 날뛸 때 이런 일을 겪곤 한다. 그래도 '지나간 건 어쩔 수 없지, 부족한 점이 있었지만 다정한 마음과 믿는 마음으로 최선을 다 했지' 하며 툭툭 털어버리곤 한다. 그러나 지금까지도 큰 후회로 남는 사건이 하나 있다. 그것은 엄마의 마지막 순간에 사랑한다는 말과 고맙다는 말을 제대로 하지 못하고 보낸 일이다.

그때를 되돌아보면 당혹감과 두려움에 완전히 사로잡혀 있었던 것 같다. 엄마는 마지막 순간까지도 살고 싶었을 텐데, 내가 작별 인사를 해버리면 내가 당신의 희망을 앗아가고 마지막을 선고하는 몹쓸 짓이 될까 봐, 이제는 마주해야 할 현실로 영원한 이별을 인정해버리는 게 될까 봐 두려워서 부정하고 피하고 싶었다. 결국 불안해하는 엄마의 손을 꼭 잡고 안심시켜주지도 못했고, 사랑과 감사의 말조차 제대로 하지 못한 채 허둥대며 엄마를 보내고 말았다. 불혹이 넘은 나이에 세 살짜리 아이처럼 연신 엄마를 불러대며 그 순간이 지나갔다. 정신을 차리고 보니 이제 부를 수 없고 달려가서 안길 엄마가 없으니 이 얼마나 후회 막심한 일인가. 이렇게 뒤죽박죽 엉킨 생각과 감정은 시간이 한참 지나서야 알아차리는 경우도 많다.

후회와 두려움, 슬픔과 분노와 같은 감정이 응어리가 되어 아쉬움으로 남는다는 것은 이를 해소하고 치유할 수 있는 과정을 충분히 거치지 못했다는 의미다. 마치 구천을 떠도는 영혼처럼 과거에서 발을 떼지 못한다는 것은 그 일이 내게는 아직 끝나지 않은 일이며, 그래서 보낼 준비가 되지 않았다는 의미다. 말문이 막혀 할 말을 하지 못하고 지났지만 타이밍을 놓친 것 같아 미련으로 남는다면, 지금이라도 어떤 방식으로든 정리하고 매듭을 지어야 할 중요한 문제라는 뜻이 아닐까? 누구보다 나 자신에게 중요한 의미가 있다면 그것은 중요한 것이고, 언제든 되돌아볼 준비가 되었을 때라면 그때가 타이밍이다. 지금이라도 자기 자신과, 사람들과, 나아가 세상과 맺는 관계가 조금이라도 편안해지기를 바란다.

나에게도 다정해야
이어진다

딸이 네 살 때의 일이었다. 갑자기 어린이집에 가기 싫다고 하기에 무슨 일인지 물어보았지만 아무런 대답이 없었다. 아이의 마음을 살펴보기 위해 인형놀이를 하자고 제안했다. 놀이의 시나리오는 아이가 주도하고 나는 주로 따라가는 방식이다.

    아이들에게 인형놀이는 단순한 놀이 이상의 의미가 있다. 작은 키로 올려다봐야 하는 거대한 세상은 때로 두렵지만 작은 손안에서 자기 마음대로 되는 인형의 세상에서는 자신감과 효능감을 얻는다. 인형놀이는 아이들의 교우 관계와 최근의 관심사에 대해서 이해할 수 있는 좋은 기회가 되기도 한다. 그날 있던 일을 시시콜콜 이야기하지 않는 아이도 인형의 입을 빌리면 쉽게 속마음을 털어놓기도 한다. 놀이를 통해 무슨 일이 있었고 어떤 생각과 감정이 들었으며 해소하지 못한 욕구는 무엇인지 자유롭게 표현하고 스스로 해결 방법을 찾기도 한다. 아이에게 인형놀이란 표현의 공간이자 치유의 의식이다.

그날의 놀이를 통해 내가 발견한 것은 딸아이와 가장 친한 친구 사이의 갈등이었다. 듣자 하니 친구는 기분이 나쁠 때마다 "너랑 안 놀아" 하고 엄포를 놓는데, 특히 딸이 자기 뜻대로 따라주지 않을 때 그런 행동이 더욱 심해진다는 것이었다. 아이들의 세계에서 "너랑 안 놀아"는 국적을 불문하고 근원적인 두려움을 건드리는 만국 공통 협박(?)인가 보다.

아이들은 소통을 통해 문제를 해결하는 사회성이 아직 부족한 데다 자기 뜻대로 되지 않을 때 느끼는 좌절감이나 분노를 견디기 힘들어해서 쉽고 빠르게 자기 뜻을 관철시키고 싶어 한다. 그럴 때마다 폭력으로 해결할 수 있다면 사실 소통하는 법을 배울 필요가 없다. 힘을 키워서 찍어 누르는 편이 더 효과적이기 때문이다. 그러나 집단생활을 하고 사회성이 발달하면서 폭력이 허용되지 않는다는 것을 아는 나이에 이르면 관계로 협박하는 것처럼 보다 교묘한 방식을 활용하기 시작한다. 그런데 관계를 끊겠다는 극약 처방을 꺼낼 때마다 잘 통했으니 친구의 입장에서는 포기할 수 없는 만능 키가 아닌가.

딸은 관계를 지키려는 마음에 번번이 친구의 뜻대로 해주고 말았다. 그런데도 사이가 딱히 좋아진 것도 아니었다. 오히려 이런 협박은 더욱 빈번해졌고, 마치 손안에 쥐어진 인형처럼 일방적으로 끌려가는 관계가 되고 말았다. 우리는 이 난제를 어떻게 해결했을까?

기대는 맞추는 것이 아니라 조절하는 것

나는 상대에게 잘해준 것 같은데 고맙다는 말은커녕 오히려 비난을 받거나 사이가 멀어지는 경우가 있다. 이러한 일이 벌어지는 첫 번째 이유는 비록 나의 의도가 다정하더라도 태도가 공격적인 경우다. 두 번째는 나의 다정함이 상대방의 입장에서는 원치 않는 배려나 일방적인 배려가 된 경우이다. 세 번째로 다정한 정도를 넘어 자신이 상대를 위해 무리하게 희생했다고 생각하는 것도 관계에 독이 될 수 있다. 이런 경우 자신이 무리한 만큼 억울함이나 원망의 감정을 느낄 수 있고, 상대의 인정이나 보답을 바라거나 상대방이 자신의 기대에 부응해줘야 한다는 기대가 커질 수 있다. 그러면 상대방을 내 뜻대로 통제하거나 간섭하고 싶어지고, 기대에 미치지 못하면 실망하여 관계에 금이 갈 수 있다. 부모 자식 간의 관계와 연인 사이처럼 가까운 관계에서 특히 이런 일이 자주 일어난다. 그렇지만 앞서 이야기한 우리 딸의 경우, 친구에게 잘해줄수록 관계가 삐걱거리는 데는 또 다른 이유가 있어 보인다.

그렇다면 이건 어떨까? 그것은 나의 배려가 당연해졌기 때문이다. 호의가 계속되면 권리인 줄 안다거나 백 번 잘하다가 한 번 못하면 욕먹는다는 말이 있는데, 이는 나에 대한 상대방의 기대치가 한껏 높아져 나의 배려가 이미 기본값이 되어버렸다는 것을 뜻한다. 조금씩 선을 넘는 요구를 계속 받아주면 상대방의 기대치는 점점 높아지고 급기야 감당하기 힘든 정도에 이를 수 있다. 더 이상 견디기 힘들어 뒤늦게 선을 그으면 그동안 고마웠다고 하는 대신 마치 배신이라도 당한 것처럼 '갑자기 왜 이래? 사람이 변했어' 하는 반응을 하기도 한다.

기대는 맞추는 것이 아니라 조절하는 것이다. 건강한 관계를 오래 유지하려면 분명하게 선을 긋고 '여기까지야'라고 말해주어야 한다. 경계선을 설정하고 기대치를 조절해주는 것, 이 두 가지가 바로 거절의 핵심 역할이다. 관계를 지키기 위해서는 무척 중요한 일이지만 왜 어렵게만 느껴지는 걸까?

다정함이 아닌 두려움이 이유가 될 때

상담실을 찾은 수민은 어떤 부탁도 거절하지 못하는 이른바 예스맨이다. 학창시절에는 공부를 곧잘 한 것 같은데 새로운 환경에서 업무를 배우는 신입사원이라 그런지 늘 서툴고 부족한 것 같다. 최근 몇 달간 수민의 자존감은 바닥까지 떨어졌다. 열정과 의욕이 부족한 자신을 탓하며 매일을 버텨냈지만, 어디까지가 자신이 할 수 있고 해야 할 일인지 아직 감이 잡히지 않아 시키는 대로 모두 떠맡다 보니 점점 버거운 느낌이 든다. 상사가 과도하거나 부당한 업무를 지시하는 것 같아도 '아니요'라고 해도 되는지 확신이 없어 오늘도 '네'를 외친다. 그러지 않으면 괜히 밉보일 것 같아서다.

"신입이라 잘 몰라서 그러는 것 같은데요"라는 말에는 무슨 마법이라도 있는지, 선을 긋거나 문제 삼는 자신이 도리어 문제가 될 것 같아 꾹 참게 된다. 어떤 업무는 자신의 권한이나 능력 밖인 것 같지만 도와달라고 하거나 물어보기도 힘들다. 귀찮고 부담스러운 사람이 될까 봐, 무능하다고 찍힐까 봐 오늘도 묵묵히 책상을 지키다 화장실에 숨어 눈물을 터뜨린다. 이러다 잘리면 어떡하지? 잔뜩 실망한 부모님의 얼굴과 한숨이 벌써 생생하다.

그러던 어느 날, 수민은 동료로부터 대신 보고서를 마무리해달라는 부탁을 받았다. 부모님이 입원하셔서 급하게 반차를 내야 한다는 것이 이유였다. 사실 오늘만큼은 거절하고 싶었다. 야근을 해야 가능할 텐데 자신도 며칠 전부터 몸이 좋지 않아 병가를 내려다가 간신히 출근했기 때문이다. 하지만 동료의 사정도 딱해 보이고, 결국 누군가는 해야 할 일이기에 망설인다.

'거절하면 자기를 싫어한다고 생각하겠지? 상처받으면 어떡해? 병원을 못 가서 큰일 나는 거 아냐? 다 나 때문이라고 하면 어떡하지? 나를 이기적이고 나쁜 사람으로 보겠지? 적을 만들면 회사 생활이 더 힘들어질 텐데, 어떻게 하지?'

수민은 자신도 아프다는 것을 잊어버린 채 걱정과 두려움에 사로잡힌다.

이렇게 무리한 요구를 거절하지 못하고 승낙했다가 결국 혼자 고생하며 끙끙거리거나 솔직하게 거절하기 힘들어서 다른 변명을 둘러대며 슬쩍 빠져나왔던 일을 누구나 한번쯤 겪었을 것이다. 무리한 부탁으로 자신을 힘들게 하는 상대방을 비난하거나 탓하며 원망한 적도 있을 것이다. 만약 거절할 필요가 없고 상대방의 부탁을 기꺼이 들어주고 싶다면 그렇게 하면 된다. 먼저 호의를 베풀거나 상대방의 친절에 보답하고 싶은 다정함은 아주 바람직하다. 그러나 불가능하거나 무리한 부탁일 때,

정말 거절하고 싶거나 거절해야 하는 상황일 때조차 다른 사람의 짐을 대신 떠맡는 행동은 대체로 다정함보다 두려움에서 비롯된다.

죄책감 공격에서 벗어나기

거절이 어려운 첫 번째 이유는 거절하는 법을 잘 몰라서고, 두 번째는 알아도 아직 연습이 부족해 익숙하지 않아서며, 세 번째는 거절을 하고 싶어도 마음속에 숨어있는 걱정과 두려움이 발목을 잡기 때문이다. 모른다면 배우고, 익숙하지 않다면 연습하면 된다. 그러나 걱정과 두려움이 발목을 잡는다면 그 실체가 무엇인지 명료하게 바라볼 필요가 있다.

 기본적으로 인간이라면 누구나 사랑받고 인정받고 싶어 한다. 상처 주고 실망시켜 미움을 받거나 나쁜 사람이 되고 싶어 하지 않는다. 인간을 비롯해 집단생활을 하는 모든 개체에게 고립은 곧 죽음이나 치명적인 약점이 될 수 있기 때문이다. 따라서 이에 대한 두려움은 매우 당연하다. 그러나 자신이 유독 거절하기 어려워한다면, 그것은 거절했을 때 돌아온 상대방의 반응에 상처받았던 과거의 기억이 또다시 반복될 것 같다는 걱정과 두려움 때문일 수 있다.

"우리 사이에 이런 것도 못 들어줘? 너는 날 중요하게 생각하지 않는구나."

"진짜 매정하다. 넌 이기적이고 나쁜 아이구나."

"너한테 실망했어. 상처받았어. 이제 너랑 끝이야."

"네가 거절해서 나한테 나쁜 일이 일어나면 그건 다 너 때문이야."

과거에 이런 공격적인 말들로 인해 마음의 상처가 쌓여왔다면 거절은 나쁜 것이라는 명제를 학습하게 된다. 특히 부탁을 들어주지 않을 때 벌어질 수 있는 모든 결과에 대해 책임을 져야 한다며 압박하고 극심한 두려움과 죄책감을 유발해서 거절하지 못하도록 옭아매는 방식의 '죄책감 공격'은 오랫동안 깊은 상처를 남길 수 있다.

죄책감 공격의 가장 극단적인 형태는 자신의 뜻대로 해주지 않으면 죽어버리겠다는 식의 '자살 협박'이라고 할 수 있다. 영국 정신과에서 근무를 하다 보면, 자신에게 유리한 거짓 소견서를 작성해달라며 법과 원칙에 벗어난 일을 요구하는 경우나 원하는 서비스를 받기 위해 치료사를 압박하는 수단으로 원하는 대로 해주지 않으면 죽겠다며 협박을 하는 경우가 종종 발생한다. 그러나 매뉴얼에 따르면 이런 극단적인 상황에서조차 거절해야 한다. 다른 선택지를 충분히 고려할 수 있는 상황인데도 불구하고 극단적인 행동을 한다면 이에 대한 최종 책임은 내담자에게 있는 것이고, 이러한 협박으로 죄책감과 두려움을 자극하며 치료자를 휘두르는 데 말려들면 더 이상 치료적 관계를 유지할 수 없기 때문이다.

다만 치료자는 치료자대로 책임이 있기 때문에 해당 내담자의 주기적인 정신 감정을 통해 위기관리를 하고 실시간 기록을 남기며 혹시나 일어날 수 있는 비극을 방지하기 위해 즉시 긴급 의료팀이나 경찰을 호출하는 비상조치를 취한다. 죄책감과 두려움에 사로잡혀 상대가 원하는 반응을 해주는 대신, 분명한 선을 그어 어디까지 가능하고 무엇을 기대해도 되는지 알려줌으로써 결국 협박을 무력화시킨다. 이것이 바로 다정하면서도 단호한 '프로다운 공감'이며 개인적인 관계에서도 '선을 넘지 않는 공감'으로 응용할 수 있다.

관계에도 예방주사가 필요하다

수민의 경우 자기가 거절할 때 벌어질 수 있는 예상 밖의 결과까지 모두 자신이 책임져야 한다는 것이 가장 두렵다. '다 너 때문이야'는 그녀가 어렸을 때부터 줄곧 들어온 말이다. 이러한 말로 지속적인 죄책감 공격에 노출되면 자신이 통제할 수 없거나 통제하면 안 되는 영역, 즉 능력이나 권한 밖의 영역까지 과도하게 책임지려고 하는 확장된 책임감(extended sense of responsibility)을 가질 위험이 있다.

확장된 책임감은 또 다른 문제로 이어질 수 있다. 한 치 앞을 알 수 없는 미래나 타인의 마음같이 예측하고 제어하기 어려운 영역까지 자신이 책임져야 한다고 생각하기 때문에 속속들이 알려 하고 통제하려고 한다. 때문에 변화무쌍하거나 불확실한 상황을 유독 견디기 힘들어한다. 이를 불확실성 불내증(intolerance of uncertainty)이라고 하는데, 마치 유당 불내증이 있으면 우유를 소화하지 못하는 것처럼 소량의 불확실성이라도 소화하지 못하고 과도한 심리적 알레르기 반응을 보이는 것을 말한다.

불확실성 불내증과 확장된 책임감, 이 두 요소는 마치 쌍둥이처럼 붙어 다니며 사회불안장애, 범불안장애, 강박장애 등 다양한 불안장애에서 공통적인 심리적 특징으로 나타난다. 인간관계의 속성은 수학문제처럼 딱 떨어지는 것이 아니라 불확실성 그 자체이므로 사회불안장애뿐만 아니라 다른 불안장애를 겪는 사람들 또한 관계의 문제를 어려워하는 경향이 있다.

수민은 무리한 부탁을 받을 때마다 과거의 상처가 되풀이 될 것 같아 두렵다. 갈등이 오히려 기회가 될 수 있다거나 스스로 어떻게든 이겨낼 수 있다는 믿음보다 자신에 대한 의구심이 눈덩이처럼 불어난다. 곧 통제가 불가능할 정도로 꼬리에 꼬리를 무는 걱정이 이어진다. 이렇듯 거절이 두렵거나 익숙하지 않다면 먼저 거절을 편안하게 바라볼 수 있도록 프레임을 전환하는 것부터 시작한다. 거절을 불편하고 나쁘게만 생각했다면, 다음의 두 가지 내용을 반복해서 외워보자.

첫째, 부탁을 거절하는 것이 사람을 거부하는 것은 아니다. 사람 자체와 부탁이라는 행위는 따로 분리시켜 접근해야 한다. 즉, 사람에 대한 다정함은 그대로 유지하지만, 그렇다고 해서 부탁을 모두 들어줄 수는 없다는 점을 분명하게 한다. 다정함을 기본 베이스로 장착하면 태도는 부드럽지만 내용은 분명하게 말할 수 있다.

둘째, 거절의 핵심 기능은 경계 설정과 기대 조절이다. 이는 관계를 지키는 안전거리를 알려주는 중요한 역할을 한다. 즉, 무조건 다 안 된다는 거절보다 어디까지는 가능하고 어디부터는 불가능하다는 경계를 설정하여 상대방의 기대를 조절하는 것이다. 이 경우 거절하는 입장도, 거절당하는 입장도 훨씬 수월해진다.

우리가 모든 사람의 모든 부탁을 항상 들어줄 수는 없다. 이것은 비현실적이고 지속 불가능한 기대다. 만약 이런 일이 가능하다 하더라도 그들에게 사랑과 인정을 받으리라는 보장도 없고, 관계가 오래가는 것도 아니다. 만약 주기만 하고 받는 것이 없는 일방적인 관계에 지쳤다고 느낀다면, 모두에게 다정하지만 자기 자신에게는 다정하지 않다는 의미가 아닐까? 당장의 거절이 불편해서 일방적으로 짐을 떠맡다보면 장기적으로는 건강한 관계를 지속할 수 없다. 마치 잠시 따끔 하는 예방주사를 맞지 않으면 병에 걸릴 확률이 높아지는 것처럼. 친구나 연인을 잃을까 봐 전전긍긍하지만 결국 지쳐버린 자신이 먼저 그 관계를 포기할 수도 있다.

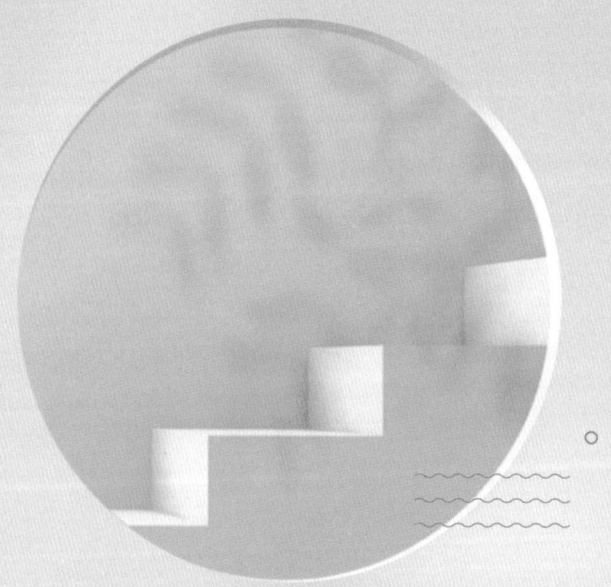

4장

갈등 속에서도
다정함을 잃지 않는 법

거절에도
방법이 있다

주변 사람들의 요청을 거절하지 못하고 꾸역꾸역 일을 떠맡은 수민은 결국 번아웃을 겪는다. 이제 어떤 일이 벌어질까? 거절을 통해 적절한 선을 긋는 것뿐만 아니라 도움을 요청할 줄 아는 것 또한 사회성의 일부지만, 수민은 홀로 모든 짐을 짊어진 채 버티다가 결국 퇴사를 결심했다. 잘릴까 봐 두려웠는데 제 발로 나가게 된 셈이다. 항상 웃는 얼굴로 묵묵히 일하던 수민의 퇴사는 속사정을 몰랐던 동료들에게 충격을 주었다. 그렇다면 갑작스러운 퇴사 대신 적절히 거절하고 도움을 청하는 방법은 없었을까?

    수민과 마찬가지로 많은 사람들이 거절을 어려워한다. 상대의 기분을 상하게 하거나 관계가 틀어질까 봐 걱정하는 경우가 가장 많다. 하지만 관계 단절의 두려움과 지나친 책임감 때문에 억지로 베푸는 호의가 영원히 작동하기는 불가능하다. 결국 내가 지쳐 나가떨어지든 상대가 실망하든 관계가 끊어지는 결과는 동일하다. 그러니 필요할 때는 적절하게 거절을 해야 한다. 다만 거절이 상대에 대한 공격이 아니라 관계를 잘 유지하기 위한 도구가 되기 위해서는 거절을 '잘' 해야 한다. 서로가 상처를 받지 않는 적절한 거절법 세 가지를 살펴보자.

'그랬구나, 그런데'의 공감형 거절

첫 번째 거절법은 공감형 거절이다. 상대의 상황을 먼저 공감해주고 그 다음에 거절하는 것이다. 공감형 거절의 기본 문장 구조는 '그랬구나, 그런데……'이다. '그랬구나'라는 말로 상대방의 입장을 먼저 공감해주되, 요구를 받아줄 수는 없다는 메시지를 '그런데' 하며 덧붙인다. 이때 상대방이 처한 상황과 감정에 충분히 공감해주는 것은 좋지만, 이 부분이 너무 장황해지지 않도록 주의한다.

그렇다면 공감형 거절을 수민의 상황에 대입해 보면 어떨까? 직장 동료가 부모님이 병원에 입원했다며 자신이 해야 할 일을 대신 해달라고 부탁했을 때 이를 거절하고 싶다면 "그랬군요, 갑작스러운 일이라 많이 걱정되겠어요. 그런데 오늘은 저도 힘들겠어요" 하고 일단 공감하고 나서 거절하면 된다.

이때 거절해야 할 사정이 있다면 이유를 설명하는 것도 좋다. "그랬군요. 갑작스러운 일이라 많이 걱정되겠어요. 그런데 오늘은 저도 힘들겠어요. 몸이 안 좋아서 병가를 내려고 했거든요." 다만 거짓으로 핑계를 대는 행동은 좋지 않다. 우리는 거절을 할 때 상대방에게 상처를 주거나 비난을 받을까 봐 거절할 수밖에 없는 갖가지 이유를 대거나 없는 일을 지어내기도 한다. 이런 경우 거절이 어려워서 지나치게 방어 태세를 취하거나 변명으로 회피하는 것처럼 보일 수 있다. 또 앞뒤가 맞지 않거나 거짓말인 게 꼬리가 잡히면 오히려 역효과가 날 수 있기 때문에 솔직하게 말하는 편이 나을 수 있다.

기본적으로 누구에게나 거절할 권리가 있다. 그런데 장황하게 둘러대면 거절하는 사람과 부탁하는 사람 모두 마음이 불편해질 수 있다. 사정이 있을 때는 간결하고 담백하게 말해야 서로 거절이 가벼워진다.

'그랬구나, 그렇다면'의 해결형 거절

두 번째는 해결형 거절이다. 해결형 거절은 상대의 요구를 거절하면서 다른 대안을 제시해주는 방법이다. "그랬군요, 갑작스러운 일이라 많이 걱정되겠어요. 그런데 오늘은 저도 힘들겠어요. 대신 팀장님께 말씀드리는 건 어때요?" 하고 다른 가능성을 알려주는 것이다.

수민은 신입사원이고 같은 직급의 동료이므로 혼자 결정하는 것보다 그 권한을 상위 결정권자에게 넘기는 것이 더욱 현명한 해결책이 될 수 있다. 또 요구를 모두 들어줄 수는 없지만 자신이 할 수 있는 선에서 부분적으로 해결해줄 수 있다는 대안도 생각해볼 수 있다. "마무리와 제출까지는 힘들지만 자료 요약 정도는 도와드릴 수 있어요" 하고 실제로 가능한 범위를 제시하는 것이다.

해결책을 직접 제시하지 않고 어떻게 하면 좋을지 상대방에게 질문을 던져도 좋다. 가장 간단한 방법은 "어쩌죠?" 혹은 "어떡하죠?" 하고 되묻는 방식이다. "그랬군요, 갑작스러운 일이라 많이 걱정되겠어요. 그런데 오늘은 저도 힘들겠어요. 어떡하죠?" 이에 더해 다음과 같은 질문도 활용할 수 있다. "혹시 제가 도와줄 만한 다른 일은 없을까요?" 이러한 질문은 부탁한 내용은 들어줄 수 없지만 다른 방식으로라도 최대한 도와주고 싶다는 다정함을 표현하는 방법이다.

해결형 거절은 서로의 욕구를 절충하여 접점에 도달할 수 있도록 타협하는 소통 과정이다. 비록 접점을 찾지 못하더라도 다정한 마음은 여전하며 소통의 창구는 열어두겠다는 메시지 또한 표현할 수 있다.

해결형 거절을 할 때 주의할 점은 거절이 불편해서 어떻게든 해결 방법을 자신이 대신 찾아줘야 한다는 부담을 떠안는 '확장된 책임감'이다. 해결 대안을 제시하는 것은 다정함을 표현하기 위한 부가적인 선택일 뿐 의무는 아니다. 각자 선택하고 책임져야 할 경계를 분명하게 하고 기대를 조절하는 것이 거절의 핵심 기능이며 관계를 지키는 방법이라는 것을 다시 한번 기억하면서 서로의 안전거리를 지킨다.

'지금은 어렵지만'의 지연형 거절

세 번째 거절법은 지연형 거절이다. 상대방이 부탁한다고 해서 당장 응해줄 필요는 없다. 이는 많은 사람들이 놓치는 부분이다. 부탁을 받았으면 승낙할지 거절할지, 부분적으로 들어줄

지 대안을 제시할지에 대한 결정권은 이미 자신에게 넘어온 것이다. 상대방이 아무리 재촉하더라도 어떤 결정을 언제 할지는 결국 자신에게 달려있다. 감정이 날뛸 때는 어떤 결정도 내리지 않고 일단 멈춰야 한다는 것을 다시 한번 기억하자. 오늘 마감하는 반짝 세일로 구매를 재촉하는 마케팅 기법이나 당장 결정하지 않으면 큰일이라도 날 것처럼 불안을 자극하며 압박하는 사기꾼의 화법은 감정이 날뛸 때 판단력이 흐려지는 심리적 약점을 이용하는 것이다. 여기에 휘말리면 올바른 판단을 내리기 어렵기 때문에 일단 판단을 지연시킨다.

지연형 거절은 멈추기의 연장 버전이라고도 할 수 있는데, 이는 자신의 날뛰는 감정뿐만 아니라 상대방의 감정 또한 진정시키는 역할을 한다. 일단 멈추면 정보를 수집할 시간을 벌어 보다 명료하게 상황을 판단하고 내 마음의 소리를 충분히 경청한 후에 결정을 내릴 수 있다. 시차를 두고 거절하면 상대방 또한 진정된 상태에서 나의 결정을 받아들일 수 있다.

"지금 당장은 어렵지만, 좀 더 생각해 보고 오늘 오후 1시까지 연락드리겠습니다."

"지금은 안 되지만, 다음 주 월요일까지 검토해서 알려드리겠습니다."

이런 식으로 당장 결정하는 대신 유예 기간을 두는 것이다.

이때 '나중에'라며 기약 없이 상대방을 기다리게 하거나 회피하는 방식이 아니라 언제까지 회신하겠다고 정확한 기한을 정해 주어야 한다.

관계에도 갑과 을이
존재한다

1980년대 이후에 출생한 20대에서 40대 사이의 젊은 세대를 가리켜 MZ세대라고 부르는데, 영국에서는 특히 1990년대생을 가리켜 눈송이(snowflake) 세대라고 한다. 이는 다소 비하의 어감이 있는 단어로 너무 곱게만 자라서 나약하고 참을성이 없으며 쉽게 상처받고 회복력도 낮은 유리 멘탈이라는 뜻을 담고 있다. MZ세대의 등장과 함께 달라진 사내 문화와 새로운 갈등 양상 또한 미디어의 주목을 받고 있다. 조금만 힘들어도 퇴사하거나 결근을 하고 절대 양보하거나 손해 보지 않으려는 업무 태도를 꼬집으며 MZ세대를 희화하는 콘텐츠가 소셜 미디어에 돌기도 했다. 한국에서는 이를 소재로 하는 코미디 프로그램이 한동안 화제였는데, 회식 자리에서 젊은 직원들이 서로 물을 떠오지 않으려고 눈치만 보며 앉아있는 장면이나 사무실에서 아이스 아메리카노를 마시고 싶은데 누군가 나서서 커피 심부름을 다녀오겠다고 할 때까지 하염없이 기다리는 장면이 특히 기억에 남는다. 크게 힘든 일도 아닌데 저렇게까지 에너지 소모를 할 필요가 있나 싶었지만, 이는 본질을 놓치고 있는 반응일지도 모른다.

을의 거절이 더 어려운 이유

문제의 본질은 소통의 단절과 서로에 대한 불신과 두려움이다. 서로의 관점을 이해하려는 노력은 보이지 않는다. 상사가 먼저 나서서 리더십을 발휘하여 합리적인 선 안에서 공정한 역할 분담을 제시하거나 교통정리를 해주지 않는다. 부하 직원 또한 자신이 먼저 호의를 베풀면 다시 호의로 돌아올 거라는 인간적 신뢰가 없고 괜히 나섰다가 손해만 볼 거라고 생각하기에 서로 말 없이 미루고 회피한다. 문제가 있다면 수면 위로 드러내어 소통을 통해 해결하고 협력하는 분위기가 만들어져야 건강한 조직 문화라고 할 수 있다. 그러나 화면 속 사무실에서는 시키는 사람도 없고 거절하는 사람도 없이 언뜻 아무 문제가 없는 것처럼 보이지만, 수면 아래에서는 상사의 두려움과 부하 직원의 두려움이 팽팽한 줄다리기를 한다. 겉으로는 웃고 있지만 속으로는 헐뜯으며 모두가 어색하고 불편한 상황. 결국 누군가 항복을 선언할 때까지 숨 막히는 신경전이 계속된다.

상사의 입장에서는 괜히 시켰다가 갑질한다는 비난을 들을까 봐, 과거 사내 분위기와 비교했다가 '라테는 말이야'를 시전하는 '꼰대'로 불릴까 봐 두려워 아무 말도 하지 않는다. 부하 직원은 자기 업무와 무관한 일인데 물 당번, 커피 당번을 한두 번 맡다보면 자기 역할로 굳어지면서 각종 잡무를 혼자서 떠맡게 될 거라는 두려움에 선뜻 나서지 못한다. 야금야금 선을 넘는 일을 허용하면 한순간에 둑이 무너질 것이고, 급기야 무급 야근에 열정페이 같은 일까지 강요당할 수도 있다는 피해의식과 두려움이 자라난다. 이는 개인적인 과거의 상처나 이전 세대의 선례를 통한 학습 효과일지도 모른다.

을의 입장에서 이 세상은 연약한 자아를 지켜내기엔 너무나 가혹하게 느껴지기 때문에 한 치의 양보나 타협 없이 처음부터 비장하게 자신의 권리를 지켜내야 할 것 같다. 그렇지만 찍히거나 튈까 봐 대놓고 거절하지도 못한다. 이러지도 저러지도 못하는 부하 직원의 입장에서는 마치 아무 일도 일어나지 않고 아무것도 모른다는 듯 눈과 귀를 닫는 소극적 저항이 최선의 선택인 것처럼 보인다. 그러나 정말 다른 선택지는 없을까? 을의 거절이 쉽지는 않지만 그렇다고 불가능한 것도 아니다.

거절을 더욱 어렵게 만드는 상황은 상대방이 나에게 실질적인 힘과 영향력을 행사할 수 있는 소위 '갑'의 위치에 있을 때다. 힘의 불균형 상태에서 불리한 위치에 있는 을의 걱정과 두려움은 단지 상상이나 가능성의 영역이 아니라 실제로 불이익을 당할 수도 있는 현실적인 문제이기 때문이다. 특히 상대방이 부당하게 위력을 행사해도 약자가 보호받거나 호소할 수 있는 제도와 정책이 미비한 사회, 수직적이고 위계질서가 강한 문화권에서는 을의 거절이 더욱 어려워질 수 있다.

캐나다 달하우지대학교 회복탄력성 연구센터의 필립 제프리스(Phillip Jefferies)와 마이클 웅거(Michael Ungar) 교수는 2020년에 사회불안장애에 대한 흥미로운 연구 결과를 발표했다. 두 사람은 미국, 브라질, 러시아, 중국, 태국, 베트남, 인도네시아, 7개국의 만 16세에서 29세까지의 청년층 약 7,000명을 대상으로, 사회불안장애의 증상적 특징과 이에 영향을 미치는 요인을 연구하였다. 설문 결과 전체 대상자 중 3분의 1가량이 사회불안장애 진단을 받을 정도의 증상을 보였는데, 그 비율에 있어 성별 차이는 없거나 미미했지만 직업 유무와 학력, 연령과 국적에 따른 편차는 확연했다. 특히 눈에 띄는 부분은 사회불안 증상에 있어 아시아 국가에서 유독 두드러지는 특징이다. 중국, 태국, 인도네시아에서는 특히 교사나 고용주같이 자신보다 권위 있는 사람을 대할 때 불안 증상이 큰 폭으로 증가했다. 반면 베트남에서는 다른 아시아권 국가에 비해 증가폭이 낮았고, 브라질, 러시아, 미국에서는 이러한 상황적 맥락에 있어 눈에 띄는 변화를 관찰할 수 없었다. 브라질의 사회불안장애 진단율은 평균보다 높은 편이었고 미국은 평균을 훨씬 웃돌아 가장 높은 수치를 보였음에도 말이다. 이러한 맥락에서, 수직적인 사회인 한국에서는 을의 입장에서 할 말을 제대로 할 수 없다는 이야기를 종종 듣는다. 이를 두고 유교 문화권의 특징이라고 해석하는 견해도 있지만 이것만으로는 부족해 보인다. 앞의 연구에서 아시아 국가 중 인도네시아와 태국은 유교 문화권이 아님에도 불구하고 권위 있는 사람에 대한 불안이 두드러진 특징으로 나타난다. 반면 베트남, 특히 북부는 유교 문화권인데도 불구하고 이러한 특징이 다른 아시아 국가들에 비해 덜하다. 이는 여러 사회제도와 문화적 특성뿐만 아니라 다양하고 복합적인 요인에서 비롯된 현상일 것이다. 그중에서도 상대적 약자를 위한 사회적 보호 장치가 부족하다는 인식과 힘 있는 사람이 갑질을 해도 용인되는 분위기가 한몫하는 게 아닐까.

긍정인 듯 긍정 아닌, 긍정 같은 거절

개인적인 경험으로 비추어볼 때 서구권인 영국에서도 갑과 을의 권력 구도가 확실하고 위계적인 조직에서는 을이 거절하거나 갑에게 자기 목소리를 내기 힘들다. 상호 간에 이름을 부른다고 해서 모두 친구처럼 동등한 관계라고 착각하기 쉽지만 한국어와 달리 영어는 존댓말이 따로 없을 뿐, 다른 방식으로 다양하게 위계 서열이나 관계의 거리감을 표현한다. 제도와 문화의 테두리 안에서 인간 대 인간으로서 최소한의 기본적인 존엄성은 보장되지만, 어느 사회를 가더라도 완전한 수평 관계에서 자유롭게 할 말을 다 하기란 쉽지 않은 일이다. 그럼에도 불구하고 요령 있는 을의 거절은 가능하다. 이때 유용한 것이 바로 긍정어 거절법이다.

신입사원인 수민에게 능력 밖의 과도한 업무가 주어졌다. 아직 잘 모르는 내용인 데다 많은 업무량을 짧은 시간에 처리해야 해서 지금의 수민에게는 무리다. 이를 어떻게 거절하면 좋을까? 여기서 집중해야 할 포인트는 거절이 경계를 설정하고 기대를 조절한다는 부분이다. 즉, 긍정어 거절은 '못 합니다', '안 됩니다'라는 부정어 대신 '여기까지는 할 수 있습니다', '여기까지는 가능합니다'라는 긍정어로 거절하는 방법이다. '……가 있다면 할 수 있습니다'라는 조건부 긍정어 거절법도 활용할 수 있다. 이는 현재 주어진 상황으로는 힘들지만 추가 조건을 걸거나 도움을 받을 수 있다면 가능하다는 표현으로, 일단은 잘해보겠다는 의지를 보여줄 수 있다.

일반적으로 상사는 아직 배우는 단계인 신입사원에게 완벽한 업무 능력을 기대하지 않는다. 상사의 입장에서 일을 제대로 가르치려면 일단 직원의 현재 업무 능력과 장단점을 점검하고 파악해야 한다. 신입사원의 업무 태도를 관찰하고 싶어서 일을 시켜보는 경우도 많다. 이때 기대하는 것은 미흡한 부분이 있더라도 질문하고 배우려는 적극적인 자세와 최선을 다하겠다는 긍정적인 태도다. 따라서 현재의 상황과 능력을 고려하여 최대한 가능한 정도를 제시하는 것이 적절한 대응이다. 먼저 부정어 대신 긍정어를 사용하여 할 수 있는 부분이 어디까지인지 경계를 설정하고 상사의 기대를 조절한다. "시간 내에 모든 업무를 처리할 수는 없습니다"의 부정어 거절 대신 "네, 열심히 해보겠습니다. 그런데 시간 내에 전부 하는 것은 어렵고, 여기까지는 가능합니다" 등의 긍정어 거절을 하는 것이다.

이에 더해 해결형 거절법을 응용하여 지시한 대로 업무를 처리하기 위한 대안과 추가 조건을 제시하거나 구체적인 도움을 요청해도 좋다. "네, 열심히 해보겠습니다. 그런데 모두 처리하려면 이틀 정도 더 필요할 것 같은데, 괜찮을까요?"라든가, "네, 열심히 해보겠습니다. 그런데 기한 내에 업무량을 소화하려면 중간 점검과 피드백 등의 도움이 필요할 것 같습니다. 어떻게 하는 게 좋을까요?" 하는 식으로 이 일을 해내기 위한 방법을 얻는 것이다.

위계질서가 강한 편인 우리 사회에서 아랫사람이 윗사람의 지시를 거절하는 것은 상당히 어려운 일이다. 상대가 무리한 요구를 하고 있다고 생각하더라도 이를 지적하거나 항의하는 것은 쉽지 않다. 그러나 윗사람이 실제로 악의를 갖고 어려운 업무를 주는 것이 아니라 어느 정도 역량을 갖추고 있는지 정확히 알지 못해서, 혹은 훈련을 위해 과중한 업무를 지시할 때도 있다. 그러니 불가능한 일을 그대로 수용해서 무리하는 것도, 무조건 못 하겠다고 들이받는 것도 정답이 아닐 수 있다. 이럴 때 긍정어 거절법은 거절을 하면서도 동시에 해결을 위한 의지와 협력의 의사를 전달하는 좋은 방법이다.

거절이 곧 관계의 끝은 아니다

그렇다면 "너랑 안 놀아"라는 친구의 협박에 휘둘리며 을의 관계에 내몰린 나의 딸아이는 난관을 어떻게 해결했을까? 나는 먼저 아이에게 친구가 욕설이나 폭력으로 선을 세게 넘을 때는 '감정+요구'를 단호하게 말하라고 알려주었다. 아이의 눈높이에 맞춰 "싫어, 하지 마", "아파, 하지 마" 같은 단순 문장을 반복 연습시키고, 선생님께도 도움을 청하도록 가르쳤다. 그리고 직접적인 폭력은 아니지만 말로 협박하거나 자기가 원하는 것만 강요하는 경우, 공감형 거절과 해결형 거절을 활용하여 타협하는 방법을 가르쳐주었다. 친구가 무조건 자기가 원하는 놀이만 하려고 고집을 부릴 때는 "그래, 넌 숨바꼭질을 하고 싶구나. 그런데 난 지금은 땅따먹기를 하고 싶어" 하고 친구의 마음에 공감하되 자신의 의사를 밝히도록 했다. "어쩌지? 그럼 번갈아서 할까?", "가위 바위 보로 결정하자", "술래 바뀔 때까지만 놀다가 땅따먹기를 하면 어때?" 같은 해결형 거절도 연습했다. 이러한 문제 해결 과정은 아이의 창의성과 유연성을 키워주기 때문에 이런 갈등은 위기뿐 아니라 기회가 될 수도 있다.

    그러면 관계를 무기로 삼아 원하는 대로 해주지 않으면 같이 놀지 않겠다며 압박할 때는 어떻게 하는 것이 좋을까? 먼저 이런 말을 들었을 때 아이의 속마음은 어떤지 들어보았다. 아이는 제일 친한 친구를 잃을까 봐 두려웠지만 동시에 친구가 이를 이용하여 자기 마음대로 하려는 데 대해 반감과 패배감을 느꼈다. 아이가 진정 원했던 것은 자신의 불안을 자극하며 일방적으로 통제하는 관계가 아니라 안정적인 친밀감과 교감을 주고받는 것이 가능한 관계였고, 더 이상 이런 말을 듣지 않는 것이었다. "너랑 안 놀아"에 대응하기 위해 우리는 '감정+생각'의 공식을 활용하여 "속상해, 그런 말은 하지 마"라는 간단명료한 문장을 연습했다.

이에 더해 친구의 협박을 무력화시키는 실험도 함께 실행에 옮겼다. 그런 말을 하지 말라고 반복해서 요구했는데도 안 놀겠다고 하면 "그래, 알았어" 하며 다른 친구들과 함께 놀아볼 것을 제안했다. 아이는 수심에 잠긴 듯 "엄마, 그러다가 같이 놀 친구가 없으면 어떡하지? 진짜 걔가 나랑 영영 같이 안 놀면 어떡하지?" 하며 물었다. 나는 처음 해보는 실험이기 때문에 그런 걱정은 당연히 들 수 있고 불안한 감정을 충분히 느낄 수 있다고 공감해주었다. 그런 다음 우리는 마음속에 담아둔 모든 걱정을 다 쏟아내어 짧은 동영상으로 녹화했다. 그러고는 친구 관계는 가까워졌다가 멀어졌다가 다시 또 가까워질 수 있으니 엄마 말이 맞는지 같이 실험해 보자고 설득했다. 동시에 교우 관계를 넓히기 위해 친구들을 골고루 집에 초대할 계획도 세워두었다. 또 다양한 친구들과 놀 수 있도록 지켜봐달라고 어린이집 선생님에게 협조를 요청했다.

효과는 생각보다 빨랐다. 며칠 안 되어 딸은 집에 돌아와 흥분한 듯 소리쳤다. "엄마! 걔가 또 나랑 안 논다고 했거든. 내가 알았다고 하고 그냥 다른 친구랑 놀았어. 그런데 무슨 일이 있었게?" 내가 조용히 미소를 짓자 아이가 말을 이어갔다. "걔가 놀란 표정을 짓다가 오히려 나랑 놀자고 쫓아오는 거 있지? 못 믿겠지? 진짜야!"

나는 이전에 찍어둔 동영상을 보여주며 지난번에 했던 걱정에 대해 어떻게 생각하는지 물어보았다. 그러자 딸이 씩씩하게 대답한다. "다 쓸데없는 걱정이었어! 안 논다고 했는데 놀았잖아. 나랑 안 논다는 말은 진심이 아니었던 거야. 그런 말 이제는 하나도 안 무서워." 이번에 깨달은 점이 무엇인지 묻자 딸은 곰곰이 생각하다가 "엄마, 오히려 친구가 많아져서 더 좋아. 앞으로는 걔하고만 놀지 않고 다른 친구들이랑도 놀래" 하고 웃었다. 나는 친구는 조금 멀어지더라도 다시 돌아올 수 있으니 다음번엔 조금만 슬퍼해도 된다고 말해주며, 자신의 두려움을 대면하고 용감하게 해낸 아이를 품에 꼭 안아주었다. "그것 봐, 할 수 있다니까!"

우리는 무리한 부탁을 받았을 때 잘 거절하지 못한다. 특히 그런 부탁을 하는 상대가 나에게 중요한 사람이거나 가까운 사이, 바로 끊어내기 어려운 상대라고 느낄 때는 더더욱 그렇다.

부당하거나 어렵다고 생각해도 내가 이걸 거절할 경우 상대가 상처를 받거나 화를 낼까 봐 걱정한다. 한편으로는 거절하고 싶은 욕구를 느끼면서 동시에 죄책감과 불안감이 충동을 일으키며 내적 갈등을 일으킬 수 있다. 감정의 소용돌이에 갈팡질팡하고 당황하면 대개는 마음의 관성에 따라 늘 하던 대로 반응해버리기 쉽다. '한 번만', '이번에만', '이번까지만' 하며 계속 휘둘리게 되는 것이다. 하지만 한쪽이 계속해서 희생하고 무리하는 관계가 건강히 이어지는 건 불가능하다. 결국 언젠가 그 관계는 끝나게 된다. 그러니 상대의 무리한 요구에 습관적으로 반응하지 말고, 잠시 멈춰 마음의 소리를 충분히 듣고 대응하는 연습을 해야 한다. 내 감정과 요구를 명확히 전달하되 현명한 거절법을 활용하여 나만의 거절 레시피를 만들면 된다.

내용은 단호하게,
태도는 다정하게

하루는 딸아이가 학교를 마치고 잔뜩 풀이 죽은 채 돌아왔다. 무슨 일인지 물어보니 통통하다는 친구의 외모 지적에 기분이 상했다고 털어놓았다. 엄마 눈에는 예쁘기만 한데 이제는 그런 말도 잘 통하지 않는 나이가 되었다. 아직 초등학교 저학년이지만 자아의식과 사회적 인지능력이 발달하면서 한창 자신과 주변을 의식하기 시작하는 시기다. 드디어 올 것이 왔구나 싶었다. 속상하다는 아이의 말에 나 같아도 속상할 것 같다며 달래주었지만, 내심 화가 난 것도 사실이었다. 그러나 나는 정말 궁금하다는 듯이 아이에게 물었다.

"엄마가 궁금해서 그러는데, 그 친구의 말은 사실일까, 아니면 그냥 자기 생각을 말하는 의견일까?"

자기는 북한 사람이라고 허풍을 떨거나 빅뱅은 두 개라는 둥 관심을 끌고 싶어 별 말을 다 하는 어린아이들이라 이 질문부터 시작했다. 딸아이는 친구의 말이 사실은 아닌 것 같다고 하며 그 이유를 들었다. 그 말에 고개를 끄덕이며 다시 물었다.

"만약 그 말이 사실이라 해도 그것은 다정한 말일까, 무례한 말일까?"

아이는 무례한 말이기 때문에 사실이라도 해서는 안 될 말이라고 답했다.

"친구의 말이 자기 의견일 뿐이라면, 네 의견은 어때?"

그러자 아이가 주먹을 불끈 쥐며 답했다.

"그 말은 옳지 않아. 자기 생각일 뿐이야. 솔직한 건 좋지만 무례하면 안 돼. 날 싫어하는 건 자기 마음이지만 날 괴롭혀서도 안 돼."

다음에 또 이런 일이 일어나면 무슨 말을 하고 싶은지 묻자 잠시 머뭇거리던 아이가 답했다.

"그래, 넌 그렇게 생각하는구나. 그렇지만 속으로만 생각해. 나는 그런 말 듣고 싶지 않아."

문제 지적과 문제 해결을 위한 지조비평

누구나 사랑받고 인정받기를 원한다. 달콤한 칭찬의 말에 어깨가 들썩이고, 백발이 되어서도 곱다는 말 한마디에 꽃물처럼 수줍음이 번지는 것은 이런 이유 때문이 아닐까? 반면 누구에게나 달갑지 않은 말도 있다. 바로 '지·조·비·평'이다. 앞에서 말한 지적하기, 조언하기, 비판하기, 평가하기, 네 가지를 말한다. 아무리 흠잡을 데 없는 완벽한 사람이라도 지조비평을 완전히 피해갈 수는 없다. 그렇다면 이를 소화할 수 있는 방법은 없을까? 우리에게는 넘기기 힘든 말을 위한 소화제가 필요하다.

지조비평은 듣기에는 거북하지만 실은 매우 중요한 두 가지 기능을 담당한다. '이런 문제가 있어요'라고 하는 문제 지적과 '해결해주세요'라고 하는 해결 요구다. 일상에서 빈번하게 경험하는 비난이나 불평불만도 지조비평 네 가지 범주에 들어가는데, 결국 문제가 있으니 해결해달라는 것이 주요 메시지다. 그러나 우리는 지조비평의 근본적인 기능에 충실하게 잘 소통하고 있을까?

우리는 갈등을 겪을 때 무수한 말을 쏟아내지만 오히려 주제를 흐리고 소통을 교란시키기 쉽다. 약속시간에 늦었다는 문제로 시작했지만 결국 공격적인 말투를 꼬투리 잡아 싸움으로 번지는 것처럼, 지엽적인 문제로 다투다 정작 중요한 것을 놓쳐 소득 없는 소모전으로 그치는 일도 많다. 이때 대화의 무게중심을 잡아주고 유연하고 실용적으로 문제 해결에 집중하려면 무엇이 문제인지, 이를 어떻게 해결해달라는 것인지, 두 가지 메시지를 분명하게 골라내는 것이 매우 중요하다.

지조비평은 당장은 따끔하지만 문제가 누적되어 한꺼번에 터져버리는 사태를 방지해주는 예방주사의 역할도 한다. 이는 개인의 성장과 건강한 관계 유지에 꼭 필요할 뿐만 아니라 회사와 기관 등 조직과 사회의 건강을 위해서도 매우 중요하다. 어떤 조직에서는 하는 일마다 일부러 꼬투리를 잡는 '레드팀'을 두어 내부 약점을 사전에 파악하고 보완하는 시스템을 갖추기도 하고, 외부 감사를 받기 전에 자체적인 내부 감사를 실시하기도 한다. 이는 환영받기 힘든 역할이지만 철저한 내부 검증을 견뎌야 외부에서 더 크게 깨지는 문제를 방지할 수 있으므로 의미 있는 일이다. 달콤한 말에 둘러싸여 아무도 문제를 알려주거나 해결하려 하지 않는다면 우리는 한 배를 타고 파티를 즐기는 동안 다 같이 가라앉게 될지도 모른다.

하지만 지조비평을 유난히 힘들어하거나 마음의 상처로 오래 남아 심리적 소화불량의 상태가 지속된다면 그 이유는 무엇일까? 이는 지조비평의 말이 자신의 내면 깊숙한 곳의 무언가를 자극하여 감정 버튼을 세게 눌렀기 때문이다. 그 내밀한 곳을 먼저 들여다봐야 한다. 특히 소통을 이기고 지는 싸움판이라 믿는다면, 인간관계를 아군이나 적군 또는 갑을 관계로만 나눈다면, 지조비평을 자신을 향한 공격이라고만 생각한다면 어떨까? 그러면 미처 보지 못했던 나의 미흡한 점을 개선하기보다 적과의 싸움에 지거나 을이 되지 않겠다는 생각에 사로잡혀 필사적으로 방어만 하게 된다. 그러면 상대방을 탓하면서 공격하거나 회피하는 태도를 보이게 되고, 자신을 탓하면서 자기공격을 하거나 더 큰 상처를 막기 위해 힘에 순응하기도 한다. 이러한 마음 안에는 작은 긁힘에도 치명적인 내상을 입을지도 모른다는 두려움과 다치기 쉬운 자아가 숨어있다.

'내가 틀린 사람이야. 내가 나쁜 사람이야. 내가 열등한 사람이야.'

이런 자신이 되지 않으려면 조금도 물러설 수 없다. 소통은 이기고 지는 싸움이라 여기기에 질 것 같으면 극도로 불안하고 이미 졌다고 생각하면 붕괴된 자아의 잔해를 밟으며 끝없는 우울감에 빠져버린다. 그러므로 말 한마디에 죽고 사는 문제처럼 매달리며 이기려고 한다.

하지만 그때 내 생각이 틀렸다고 해서 내가 틀린 사람이 되는 것은 아니다. 실수할 수도 있고 모를 수도 있다. 그렇다고 나쁜 사람이나 열등한 사람일 필요는 없다. 틀렸으면 바로잡고, 실수하면 사과하고, 몰랐다면 배우면 된다. 각자 선택의 무게만큼 책임지면 된다. 지조비평을 더 이상 공격이 아니라 문제를 알리고 해결해달라는 요구로 받아들인다면 불편하지만 소화시킬 수 있다. 그러면 적대 관계가 아니라 해결을 도모하는 성숙한 협력 관계가 가능해진다. 지조비평은 관계를 포기하거나 끊어버리지 않고 오히려 문제를 개선하여 계속 이어가고 싶다는 의지와 희망의 표현이라고 할 수 있다. 다정하기 때문에 포기하지 않는 것이다.

문제는 갈등보다 갈등에 대응하는 방식이다. 갈등이 생겼다는 것은 오히려 수습하는 과정에서 문제해결력을 키울 수 있는 절호의 기회가 된다. 잠시 따끔하더라도 이제는 반응하지 말고 대응해야 한다. 대응하려면 일단 멈추어야 한다.

소통을 원활하게 하는 브레이크 밟기

갑작스런 한 방에 당황하고 말문이 막힐 때 가장 먼저 해야 할 일은 브레이크를 밟고 멈추는 것이다. 앞에서 살펴보았던 3초 세기, 숨 고르기, 타임아웃, 세 가지 방법인데, 지조비평에 대응할 때는 "무슨 뜻이야?"라고 질문하며 시간을 버는 것도 좋은 대안이다. "잠깐, 그게 무슨 뜻이야?"라고 질문하며 멈추고 상대방의 답변을 기다린다. 그런 다음 "내가 헷갈려서, 분명하게 해줬으면 좋겠어" 하는 1인칭 문장을 덧붙여도 좋다. 이 말은 상대방이 나를 헷갈리게 한다며 탓하거나 비난하는 것이 아니라, 나 자신이 헷갈려서 상황 판단이 잘 되지 않으니 분명하게 해달라고 요구하는 것이다. 이렇게 시작하면 곧바로 싸움으로 번지는 대신, 혼란스러운 상태에서 발생할 수 있는 오해나 급발진을 방지하고 보다 효과적으로 대응할 수 있다.

이 문장은 두루 유용하게 활용할 수 있다. 대표적으로 숨어서 저격하는 수동 공격적 돌려까기형의 연막작전에 대응할 때다. 예를 들어 직장 동료가 은근히 돌려 말하며 자신을 무시하거나 낮추는 말을 할 때, 혹은 웃는 얼굴로 칭찬하고 있지만 내용은 가시 돋친 말로 약점을 공격하는 것 같은 혼란스러운 상황에서 활용하면 좋다. 칭찬하는 듯 연막탄을 터뜨린 후 상황을 모호하게 만들면서 빠져나갈 구멍을 만드는 돌려까기식 공격에 대응할 때는 상대방을 향해 불빛을 비추는 것만으로도 도망갈 구멍을 막고 꼬리를 잡는 효과가 있다. "잠깐, 그게 무슨 뜻이야? 내가 헷갈려서. 무슨 뜻인지 분명하게 해주면 좋겠어"라고 말이다.

상대방의 말과 행동이 일치하지 않거나 오늘 내일 말이 자꾸 바뀌는 상황에서도 유용하다. 이렇게 하면 상대를 비난하지 않고도 문제를 제기하고 요구 사항을 분명하게 전달할 수 있다. 이때 2인칭을 사용해서 "당신이 헷갈리게 말하잖아요. 일관성 없이 오락가락하네요"라고 하면 상대방의 인격을 저격하는 형국이 되기 때문에 문제는 해결되지 않고 싸움으로 번지기 쉽다. 또 "당신은 친절한 척하지만 은근히 나를 무시하잖아요"라고 바로 들어가면 상대방의 선한 의도를 혼자서 오해하고 급발진한다는 역공이 들어올 수 있다. 하지만 상대에게 정확히 무슨 뜻인지 되물어 혼란을 정리한 다음 대응하면 이런 사태를 미연에 방지할 수 있다. 예를 들어 회의할 때마다 지시 사항이 계속 바뀌는 상사에게 "부장님께서 자꾸 말씀을 바꾸시네요"같이 2인칭 화법을 사용해서 반응하면 상대가 타깃이 되어 공격당한다는 느낌을 받을 수 있다. 이럴 때는 2인칭 대신 1인칭을 사용해서 문제를 제기하고 해결을 요구하는 게 훨씬 효과적이다. "부장님, 제가 좀 헷갈려서요. 지난주에 제가 받은 지시 사항은 ……였는데, 오늘은 ……입니다. 내용을 다시 한번 정리해주시면 바로 실행하겠습니다."

화나지 않았다고 하면서 싸늘한 표정을 하며 말없이 눈치를 주는 친구에게는 어떨까? 말과 행동이 불일치할 때 상대의 의도를 헤아리느라 고민하지 말고 "네가 말로는 괜찮다고 하지만 표정이나 행동은 평소와 달라서 헷갈려. 네 마음이 어떤지 말해줘. 내가 노력해볼게"라고 상대에게 직접 물어보는 것이 낫다. 그러면 상대의 간접 공격이 무력해진다.

지조비평에 효과적인 마법의 문장들

소화하기 힘든 상대방의 지조지평에도 효과적으로 대응하는 문장들이 있다. 나는 이를 '마법의 문장'이라고 부른다. 첫 번째 마법의 문장은 상대방의 지조비평을 문제 지적과 문제 해결이라는 두 부분으로 나누어 대응하는 방법이다. "알려줘서 고마워", "그렇구나, 그렇게 생각할 수 있지", "그 부분은 네 말이 맞아" 등으로 현재의 문제를 알려준 데 대해 먼저 고마움을 표하고, 해결해달라는 요구에는 "어떻게 하면 좋을까?", "그럼 이렇게 하는 건 어때?"라고 하며 같이 해결해 보자고 말하는 것이다. 이러한 대응은 자칫 긴장이 고조될 수 있는 상황을 진정시키고 내가 상대방의 말을 충분히 경청하고 있다는 메시지를 전달할 수 있다.

문제 지적에 대응하는 전반부에서는 감사, 인정, 공감과 같이 긍정적인 표현을 해주고 문제 해결을 요구하는 후반부에서는 함께 해결하자고 협력을 유도하는 것, 또는 어떻게 해결하면 좋을지 상대방의 의견을 묻거나 직접 선택지를 제시하는 것도 좋다. 다양한 상황에 맞게, 또 자신에게 가장 맞고 입에 잘 붙는 문장을 선택하여 평소에 연습해두면 자연스럽게 입에서 나오게 될 것이다.

그렇다면 상대방이 사실도 아닌 것을 우기거나 물고 늘어지며 비난할 때조차 모두 맞다고 인정해줘야 하는 걸까? 모든 사람들이 늘 다정하거나 합리적으로 행동하는 것도 아닌데, 해결하려는 의지 없이 그저 화풀이하기 위해 불평만 늘어놓거나, 공격을 위한 공격을 할 때도 상대방의 마음을 공감해주거나 알려줘서 고맙다고 해야 한다면 불합리하게 느껴질 것이다.

그러나 이때도 먼저 상황을 진정시키는 것이 좋다. 마치 폭발하기 직전의 압력 밥솥에서 김을 빼주는 것처럼 긴장감을 한 김 빼고 시작하고, 필요하다면 추후에 조금씩 군불을 때가며 수위를 높여주는 것이다. "그건 맞아요, 그런데(Yes, but)" 하는 식으로 일단 긍정적인 말을 하고 그 뒤에 반박하는 말을 잇는 것이다. 이것이 두 번째 마법의 문장이다. 이 방법이 앞에서 살펴본 '긍정어로 부정하기'다. 당혹감과 불안, 분노와 억울함에 휘둘리는 상태에서 강 대 강으로 맞서면 긴장이 고조되며 출구가 보이지 않는 소모적인 감정싸움으로 모두에게 상처만 남길 수 있다. "아니에요. 싫어요. 하지 마세요" 하고 단호하게 지적하고 요구해야 할 상황도 물론 있다. 하지만 한 김 빼고 시작하는 방법은 직설적인 표현을 다소 부담스러워하는 사람들뿐만 아니라 조직 내 상하 관계에서 소위 갑의 위치의 어려운 상대를 대할 때도 유용한 방법이 될 수 있다.

예전에 시청했던 한 예능 프로그램이 기억난다. 자신의 기준에서 상대방이 선을 넘는 무례한 말을 했을 때 어떻게 대응하는지, 출연자의 다양한 사례를 엿볼 수 있어 흥미로웠다. 이때 방송인 김숙 씨는 "어, 상처받네. 하지 마"라는 말로 분명하게 대응한다고 답했다. 이는 타인을 비난하지 않고 '감정+요구'의 기본 공식을 활용하여 자신의 감정과 요구를 직접적으로 표현하는 대응 방법이다. 반면 박명수 씨는 한 토크쇼에서 다른 방식의 완곡한 접근법을 보여주었다. 그는 진행자의 장난 섞인 비판에 버럭하며 반박하기보다 "그건 맞아요. 그렇게 보실 수 있어요"라며 담담하게 인정한 후에 "그런데, 저는 제 역할에 만족합니다" 하고 자신의 할 말을 여유 있게 이어갔다. 이는 지조비평에 대응할 때 긴장감을 한 김 식히고 할 말을 하는 긍정어로 부정하기의 좋은 예시가 된다.

긍정어로 부정하기는 한국의 노키즈 존(No Kids Zone)과

영국의 어덜트 온리(Adult-Only)라는 언어 사용법에서도 관찰할 수 있다. 양쪽 모두 어린이의 입장이 제한된다는 메시지를 전달하지만 노키즈 존은 어린이의 입장이 불가능하다는 부정어를 사용하는 반면 어덜트 온리는 어른만 가능하다는 긍정어를 사용한다. 결과는 같지만 받아들이는 입장에서는 다르게 느껴질 수 있다. 이것이 긍정어를 사용하는 부정의 강점이다. '말한마디가 천 냥 빚을 갚는다'는 속담처럼, 같은 내용을 어떻게 전달하느냐에 따라 받아들여지는 양상은 크게 달라진다. 건강한 소통은 내용은 명확하고 단호하지만 태도는 다정하고 온화할 때 더욱 빛을 발한다.

무례한 비난에
우아하게 대처하기

20대 사회 초년생일 때의 일이다. 당시 나는 원래 소속된 부서 외에도 주 3일 정도 정신과 내에 있는 다른 부서들을 돌아가며 파견 근무를 했다. 그때 파견된 곳 중에 하나가 정신과 응급실이었는데 긴박한 상황을 헤치우느라 늘 정신없이 바쁘게 돌아가는 부서였다. 그래서인지 정신과 응급실에서 팀 미팅을 할 때면 상대적으로 긴급하지 않았던 심리 파트의 발언권이 적게 주어졌다. 매주 월요일에 나는 원래 소속 부서에 돌아와 업무 보고를 했는데, 정신과 응급실에서 나의 발언권이 적은 데 대한 어려움을 토로하자 한 동료가 말했다. "안젤라, 혹시 네가 동양인이라서 쉽게 보고 그러는 거 아냐?" 순간 모든 사람이 당황하여 몇 초간 시간이 정지된 듯 정적이 흘렀다. 나는 잠시 멍했다가 이내 속이 부글부글 끓는 듯했지만 일단 미팅이 끝날 때까지 기다렸다. 그리고 그 동료를 사람이 뜸한 곳으로 따로 불러 차분히 이야기했다.

"카트리나, 나쁜 의도는 아니었다고 할 수도 있고 네 입장에서는 그렇게 볼 수도 있겠지. 어쨌거나 그런 말을 입 밖으로 꺼내는 건 매우 부적절하다고 생각하고, 나한테 상처가 되는 말이야. 게다가 내가 문제 삼으면 네가 곤란해질 수도 있고. 이 말을 다른 사람들 앞이 아니라 따로 불러서 하는 이유는 그래도 네가 체면을 잃지 않도록 배려하고 존중해주기 위해서야. 네가 한 말에 대해서 사과하고 앞으로는 조심해주면 좋겠어."

일부가 맞다고 해서 전부 맞는 것은 아니다

동료와의 사건에서 나는 '그렇게 생각할 수는 있지, 나쁜 의도는 아니었겠지' 하며 긍정어로 시작했지만, 그래도 그녀의 발언이 부적절하다고 생각하기 때문에 이에 대해 사과하고 앞으로 조심해달라고 단호하게 요구했다. 이에 더해 앞으로 본인에게 문제가 될 수 있다는 경고도 잊지 않았다. 동시에 동료로서 다정함과 배려를 잃지 않았기 때문에 다른 사람들 면전에서 문제 삼거나 일을 더 크게 키우지 않았다는 점을 강조했다.

'그래, 그런데' 형태의 긍정어로 부정하기 구조는 상대방이 한 말 가운데 일부는 맞다고 인정해주고 나서 자신의 할 말을 전개하는 것이다. '그 부분은 맞아', '그럴 가능성도 있어', '원칙적으로는 맞는 말이야', '그렇게 느낄 수 있어' 등으로 긍정의 말을 하고 '그런데 내 생각은', '하지만 내가 원하는 것은' 등으로 자신의 할 말을 전개한다. 이는 마찰이 심해지면서 서로 심하게 긁혀버리지 않도록 폭신한 받침을 대는 일종의 '쿠션어'라고 할 수 있는데, 그렇다고 해서 말을 빙빙 돌리고 흐리거나 회피하는 방식의 소극적 저항이나 수동적 공격을 말하는 것은 아니다. 유창한 쿠션어를 구사하면 태도는 부드럽지만 내용은 분명하게 전달할 수 있다.

일단 문제 지적에 대해서는 네 말이 맞다고 부분적으로 인정해주거나 너는 그렇게 생각하거나 느낄 수 있겠다는 말로 공감을 먼저 해주면서 긴장감을 낮춘 후 하고 싶은 말을 한다. 그런 다음 부분적으로나마 온당한 문제 지적이 있어 건설적으로 고쳐야 할 부분이 있다면 문제 해결로 대화의 중심을 옮겨 대화의 흐름을 이어간다.

상대의 비난에 대해 맞다고 인정한다고 해서 너무 억울해할 필요는 없다. 상대방의 말이 전적으로 다 맞다고 동의해주는 것이 아니라 일부만 맞는 것이라고 하거나 100만 분의 1이라도 그럴 가능성은 있다는 식으로 한계선을 분명하게 긋기 때문이다. '그건(그 부분은) 맞아', '만에 하나 그럴 수는 있지'라는 말로 상대가 지적한 문제의 일부만 인정해주는 것이다. '그건 그렇구나. 네 입장에서는 그렇게 생각할 수 있고 그렇게 느낄 수도 있지'라는 공감의 말 또한 사실 여부를 떠나 상대방의 입장에서는 그런 생각과 감정을 가질 수 있겠다고 이해한다는 말이지, 이를 온전히 받아준다는 의미는 아니다.

부분적이나마 인정하고 공감해주는 긍정적인 표현은 상대의 급발진을 막고 상황을 잠시 진정시키기 위해 브레이크를 밟는 역할을 한다. 대응하기 전에 잠시 멈추거나 무슨 뜻으로 한 말인지 되물어보는 것이 나 자신의 급발진을 막기 위해 브레이크를 밟는 것이라면 부분 인정과 공감은 상대방의 급발진을 막기 위해 브레이크를 밟아주는 것과 같다. 이렇게 하면 고조되는 긴장감을 한 김 식히며 날선 태도를 꺾을 수 있다.

상대방은 온몸에 잔뜩 힘이 들어간 채 글러브를 끼고 링에 올랐는데 나는 링 밖의 무도회에서 왈츠를 추고 있는 모습을 상상해 보자. 이처럼 상대방이 아무리 싸우자고 달려들어도 나는 전혀 다른 판에 있기 때문에 애초에 싸움이 성립될 수 없다. 잠시 상황을 진정시킨 후 침착하고 여유 있게 자신의 메시지를 전달해도 전혀 늦지 않다.

무례함에 무례함으로 맞서지 않기

상대방의 지적이 해결할 만한 문제라면 그다음에는 함께 해결 방법을 모색한다. 가령 '양말을 아무 데나 벗어놓다니, 너는 왜 이렇게 지저분하니'라는 비난을 들었다면, 공격적인 비난이긴 하지만 양말을 아무 데나 벗어놓는 행동에 대해서는 해결이 가능한 문제를 지적한 것이므로 협력할 가능성이 있다. 다만 상대방이 해결해달라는 요구 없이 단지 공격을 목적으로 꼬투리를 잡아 비난을 쏟아내거나 성별, 인종, 외모 등 해결할 것이 아닌 것들을 문제 삼는다면 문제 해결의 단계로 넘어갈 필요 없이 곧바로 선을 그어 마무리한다.

그렇다면 친구의 외모 지적에 속상했던 나의 딸은 어떻게 대응하면 좋을까? 지조비평의 기본 기능은 문제를 지적하고 해결하는 것인데 여기서 외모는 지적하고 해결해야 할 문제가 아니다. 따라서 알려줘서 고맙고 고쳐보겠다는 첫 번째 대응법은 적절치 않다. 문제 해결의 단계도 생략한다.

처음부터 단호하게 대응하려면 바로 기본 공식을 사용하여 '그런 말은 상처가 돼. 하지 마'와 같이 표현한다. 반면 단호함과 다정함의 비율을 적절히 배합하여 시동을 걸고 싶다면 긍정어로 부정하기를 통해 완곡하게 자신의 감정과 요구를 전달하면 된다.

"그렇게 볼 수는 있지. 그런데 상처받으니까 그런 말은 하지 마."

"너는 그렇게 생각하는구나. 그런데 상처받으니까 그렇게 말하지 마."

여기서 그런 말은 무례하다는 자신의 생각을 덧붙여도 좋다. 이때도 2인칭을 피해서 '너'가 무례한 사람이라고 지적하는 게 아니라 '나'는 무례하다고 생각한다고 표현하는 게 좋다.

"너는 그렇게 생각할 수 있는데, 나는 상처받거든. 무례한 말이라고 생각해. 다음부터 하지 마."

첫 책을 출간한 후 〈유퀴즈〉에 출연했을 때 유재석, 조세호 씨와 건강한 소통법을 익히는 연습을 했었다. 오랜만에 전화로 연락한 친구가 이렇게 말하는 상황이다.

"오랜만이다. 요새 잘나간다고 연락 한번 없네. 사람이 변했어."

이런 말에는 어떻게 대응하면 좋을까? 만약 기분이 상하지 않았다면 그냥 넘어가면 된다. 하지만 농담인 듯 조롱인 듯 애매하게 선을 넘는 발언에 상처를 받았다면 자신의 감정을 믿고 마음의 신호로 받아들인다. '농담인데 화를 내면 나만 이상하게 보이지 않을까?', '별 뜻 없이 하는 말일 수도 있는데 발끈하면 오히려 내가 상처주는 게 아닐까?' 하는 두려움이 발목을 잡을 수도 있다. 그러나 마음이 혼란스러울 때 가장 귀를 기울여야 할 것은 자신의 감정이다. 잘잘못을 따지기 전에 분명한 것은 감정이 상했다는 것이고, 이는 내 마음속에 무언가 있으니 들여다보라는 신호다. 감정은 마음의 신호이기 때문에 어떤 이유로든 기분이 상했다면 이를 무시하거나 쌓아두기보다 잘 듣고 건강하게 대응하는 것이 좋다.

상처를 준 상대에게 내 감정을 즉각 드러내기에 앞서 배운 대로 브레이크를 밟는다. 기분이 태도가 되는 이유는 감정에 충동적으로 반응해버리는 행동 때문이다. 감정과 행동의 자동반사적인 연결 고리를 끊어내려면 일단 멈추고 감정을 인지하여 말로 표현하는 연습을 해야 한다. 앞에서 이야기했던 대로 3초를 세며 숨 고르기를 하거나 "무슨 뜻이야?" 하고 질문하며 대화의 템포를 조절한다.

상대방의 답변을 듣고 상황 판단이 보다 명료해지면 내 마음의 소리를 듣고 정제하여 표현한다. 도움이 되는 말이면 알려줘서 고맙고 해결해 보겠다고 말하면 되지만, 그렇지 않을 경우 '섭섭하네, 그런 말은 하지 말지'같이 내 감정과 요구를 명확히 이야기한다. 분명함은 유지하되 좀 더 부드럽게 응대하고 싶다면 '맞아, 요즘 연락이 뜸했지. 그런데 그런 말은 듣기 불편하다'라고 긍정어로 부정하기를 활용할 수 있다. 혹은 '그렇게 느꼈을 수도 있겠다. 그런데 나도 그런 말을 들으면 섭섭하니까 자주 연락하고 지내자고 말하는 게 더 낫겠다'라고 말할 수도 있다. 앞의 대답은 '네 말이 맞다'고 부분 인정을 해주지만 그런 식으로 말하는 것은 싫다는 것을 완곡하게 표현하고, 뒤의 대답은 친구의 감정을 공감할 수는 있지만 다른 방식으로 말해달라는 대안을 제시한다.

부처님의 가르침이 담겨있는 초기 경전 중 하나인 《잡아함경》에는 다음과 같은 이야기가 실려있다.

부처님께서 마가다의 왕사성 밖에 있는 죽림정사에 계실 때다. 인근에 지체 높은 바라문이 살고 있었는데, 그 집안의 젊은이가 부처님께 귀의하여 출가 제자가 되었다. 바라문은 이것이 집안의 수치라 여기고 부처님을 찾아와 비난하며 욕설을 퍼부었다.

그런데 부처님은 아무 대꾸도 없이 바라문이 그치기를 기다려 다음과 같이 말씀하셨다.

"바라문이여, 당신이 손님에게 음식을 내어놓았는데 먹지 않는다면 음식은 누구의 것인가?"

"도로 제 것이 되겠지요."

바라문이 대답했다. 그러자 부처님께서 조용한 목소리로 다시 말씀하셨다.

"바라문이여, 방금 당신은 내게 온갖 욕지거리를 퍼부었으나 나는 그것을 받지 않았느니라."

상대가 무례하게 나온다고 해서 나도 똑같이 무례하게 싸울 필요는 없다. 우리는 보다 우아하게 대처할 수 있다. 중요한 것은 우리의 감정과 요구를 정확하게 전달하는 것이고, 이를 위해 굳이 상대와 똑같아질 필요는 없다.

때론 나도 불만을
이야기하고 싶다

불만이 있어도 말을 꺼내기 어려울 때가 있다. 그 이면에는 걱정과 두려움이 있기 때문이다. 화내면 어떡하지? 싸움이 나거나 분위기가 어색해지지 않을까? 말해봤자 소용없겠지? 이런 얘기한다고 나를 싫어하지 않을까? 사이가 나빠지지 않을까? 불이익이 생기면 어떡하지? 이런 생각이 입을 열기 어렵게 한다. 특히 관계에서 잃을 것이 더 많고 불리한 위치라고 할 수 있는 을의 입장일 때는 더욱 말을 꺼내기 힘들다. 이런 경우 불만이 있어도 상대에게 무엇이 문제인지 알리지 못하고 꾹꾹 참다 결국 폭발하거나 조용한 손절로 관계를 끊어버리기도 한다. 그러나 자신을 지키고 관계를 지키려면 문제를 덮어두는 것보다 알려주고 요구해야 한다. 문제를 인정하고 해결하는 것은 상대방의 몫이지만 알려주고 요구하는 것은 우리 자신의 몫이다.

지조비평을 할 때는 문제 제기와 문제 해결이라는 두 가지 기능을 충분히 활용해야 한다. 이때 우리가 빠지기 쉬운 함정은 문제를 제기하는 부분에만 치중한다는 것이다. 감정이 격해지면서 불평이나 원망만 늘어놓거나 상대방을 비난하는 데 그쳐서는 안 되고 자신이 원하는 것을 보다 분명하고 구체적으로 요구해야 한다. 이는 가까운 사이에서든 어려운 사이에서든 공통적으로 적용되는 사항이다.

대화의 문을 여는 문제 제기

피곤한 하루를 마치고 집에 돌아온 엄마가 어질러진 거실을 보고 화가 난 사춘기 딸에게 잔소리를 한다면 어떻게 될까?

"매번 너는 어지르고 엄마는 치우고……. 엄마도 너무 피곤해. 몇 번이나 말했는데 왜 엄마 말을 무시하니? 엄마가 해주는 걸 너무 당연하게만 생각해. 도대체 왜 이러는 거야?"

이런 경우 출구 없는 대화에 갇혀 문제는 해결되지 않고 서로 상처 주는 데만 골몰하게 된다. 문을 열었다면 닫아야 하는 것처럼 문제를 제기했다면 해결을 요구해야 한다. 그렇다면 사춘기 딸에게 엄마는 어떻게 말하는 것이 좋을까?

먼저 '여기 문제가 있다'고 알려줄 때에는 과거의 일을 끌어들이지 말고 당면한 문제에만 집중한다. 이때는 가급적 '너'의 2인칭을 피해서 말한다. 칭찬을 할 때는 2인칭이 좋지만 지조비평을 할 때에는 '나'의 1인칭이나 '문제', '상황' 등의 3인칭을 사용한다. 그 이유는 지적하고자 하는 문제가 '너'라는 사람이나 인격 자체가 아니라 변화의 여지가 있는 행동이나 상황이라는 메시지를 주기 위해서다. 또 1인칭을 활용하면 상대방을 비난하는 대신 나의 생각, 감정, 욕구가 어떤지에 집중해서 메시지를 전달할 수 있다. 문제 제기를 할 때 2인칭을 피하는 화법은 거리가 있는 관계나 불리한 위치인 을의 위치에 있는 경우에도 활용할 수 있다. 상대방을 저격하지 않고도 완곡한 화법으로 문제에 집중할 수 있도록 도와주기 때문이다.

방 정리를 잘하는 아이에게 칭찬을 할 때는 2인칭을 활용해서 '방 정리를 깔끔하게 잘했구나'라고 말한다. 그러나 방이 지저분할 때는 '너는 방 정리를 못 하는구나, 너는 지저분하구나'라는 2인칭 문장 대신 간단히 '방 정리가 안 되어있구나'라는 3인칭 문장으로 문제를 지적한다. 또는 1인칭 문장을 활용하여 '방 정리가 안 된 걸 보면 엄마는 화가 나. 엄마도 오늘 너무 피곤하거든'이라고 표현해도 좋다.

문제를 제기할 때 '너는 도대체 왜 이래?', '이유가 뭐야?' 하는 식으로 따지는 의문형 문장도 피하는 것이 좋다. 사람들은 대개 문제를 해결하려면 원인을 파악해야 한다고 생각하고 묻고 따지는 경향이 있는데, 실제로는 큰 도움이 되지 않는다. 오히려 이러한 질문은 '네가 이러면 안 되지. 이러는 너를 도대체 이해할 수 없어'라는 뜻에 가깝다. 그러면 상대방은 하면 안 되는 행동을 하는 나쁜 사람이고 이해 불가능한 행동을 하는 비상식적인 사람이 되어버린다. 따라서 이는 열린 마음과 다정한 호기심에서 우러나온 질문이라고 하기 어렵고, 그저 공격을 목적으로 한 질문이 되고 만다. 정말 상대방의 어려움을 이해하고 싶다면 다음과 같은 문장을 사용하는 것이 더 효과적이다. "요즘 방 정리가 잘 안 되는 것 같은데, 정리하는 데 힘든 점 있어? 어떤 도움이 필요해?" 이러한 표현에는 대화의 목적이 문제 해결에 있으며 같이 해결하자는 의도가 잘 드러난다.

대화의 문을 닫는 문제 해결

적절하게 문제 제기를 했다면, 이제 해결해달라고 요구할 차례다. 앞의 상황에서 엄마가 딸에게 정말 원하는 것은 무엇일까? 피곤하니 쉬고 싶다는 것이고, 그러니 방 정리를 해달라는 것이다. 그렇다면 다음과 같이 말해보는 것은 어떨까?

"집이 정리가 안 되어있네. 그러면 엄마는 정신없고 화가 나. 엄마가 오늘 너무 피곤해서 거실에서 쉬고 싶은데, 거실 정리만이라도 해주면 좋겠어."

문제를 제기할 때는 불만으로만 그치지 않고 자신이 무엇을 원하는지 반드시 말해야 대화의 출구를 찾을 수 있다. 문을 열면 닫아주는 것처럼 대화에도 출구가 필요하다. 들어갈 땐 껄끄러워도 마무리가 아름다워야 긍정적인 여운으로 남을 수 있기 때문에 이 부분에 특히 공을 들인다.

누구나 마음속에는 사랑받고 인정받는 '좋은 사람'이 되고 싶은 욕구가 있다. 때문에 일상의 지조비평의 경우 요구를 전달할 때 지시나 명령을 하달하고 굴복시키려는 태도보다 해결해달라고 '부탁'하거나 '도움'을 달라고 말하는 것이 좋다. 또 이에 응해주면 더 나은 사람이 될 것이라고 상대방을 높여주고 고마움을 표현하면 자발적인 변화를 유도할 수 있고 큰 상처 없이 문제를 해결할 수 있다.

아무리 몸에 좋은 약이라도 입에 쓴 맛은 불쾌하고 꼭 필요한 예방주사라 해도 따끔하게 마련이다. 그래서 우리는 쓴 약을 마신 아이에게 잘했다며 사탕을 주고 용감하게 주사를 맞은 아이에게 스티커를 붙여준다. 이런 순간이 있었기 때문에 우리는 힘들어도 견딜 수 있다. 진정으로 사랑하고 다정한 마음이라면, 다 너를 위해서 그런 거니 무조건 참고 견디라며 다그치는 태도가 아니라 힘든 점을 조금이라도 덜어주고 편안하게 해주기 위해 배려해야 한다. 그러나 우리 사회는 나약하게 굴지 말고 참아야 한다며 다그치는 데 익숙한 것 같다. 심지어 다른 사람뿐만 아니라 나 자신에게도 이러한 태도로 대하고 있지 않은가? 아무리 사실이고 도움이 되는 이야기라도 듣는 사람의 입장에서는 불쾌하고 아플 수 있다. 때문에 꼭 필요한 지조비평이라도 사탕과 스티커를 주는 것처럼 희망과 격려가 되는 긍정적인 코멘트로 달콤한 여운을 남기면서 문을 닫아주자.

무엇보다 다정함이 먼저다

다산 안창호 선생님은 남의 결점을 지적하더라도 결코 듣기 싫은 말이 아니라 사랑의 말로써 조언해야 한다고 하셨다. 이는 지조비평을 할 때 무엇보다도 다정한 태도가 중요하다는 것을 일깨워준다. 지조비평의 말은 자칫 상대방보다 높은 곳에서 내려다보며 '너는 틀렸어, 너는 잘 몰라'라고 지적하는 부정과 폄하의 메시지로 변질되기 쉽고, 자연히 '내가 더 잘 알아, 그러니 내 말 들어'라고 지시하는 권위적인 메시지가 될 수 있다. 이런 경우 진정한 도움이 되지 못하고 자신의 힘과 영향력을 과시하거나 확인받으려는 데 그친다. 그러면 상대방은 문제를 해결하려는 자발적 동기와 자신감을 잃고 무력감을 느낀 나머지 타인에게 의존하게 되거나 반대로 반항하고 회피하려는 마음이 커질 수 있다.

따라서 지조비평을 할 때에는 자신의 태도에 신경 쓰고 들을 때는 상대방의 태도를 문제 삼지 않는다. 들을 때 상대방의 말투나 태도를 문제 삼으면 싸움만 되고 무엇이 문제이고 어떤 해결을 원하는지에 대한 주요 메시지를 놓친다. 반대로 지조비평을 할 때에 자신의 태도에 신경 쓰지 않으면 아무리 다정한 의도라도 도움은 고사하고 상처만 줄 수 있다. 정말 사랑하는 사람이 잘되기를 바라는 마음이라면 원하지 않는 도움은 강요하지 않고 마음의 준비가 될 때까지 기다려주어야 한다. 언제든 무엇보다 다정함이 먼저다.

우리는 왜 자꾸
편을 가르려고 할까

노벨문학상을 받은 한강 작가의 말 중에 개인적으로 가장 기억에 남는 부분이 있다. 잔인한 폭력과 숭고한 희생을 동시에 목도하며 '어떻게 인간은 그토록 잔인하면서도 숭고할 수 있는가'라는 질문이었다. 이는 작가의 작품 활동을 관통하는 화두이자, 심리치료사의 관점에서 내게도 늘 풀리지 않았던 의문이었다. 지구상 어딘가에서는 지금도 전쟁이 벌어지고 있고, 누군가는 비행기 바퀴 칸에 웅크리거나 화물차 바퀴 사이에 몸을 숨기는 위험천만한 도피 끝에 타국의 땅을 밟는다. 이들에게 전쟁은 끝났지만 삶이 곧 전쟁이 된다. 소설 《소년이 온다》에서는 "네가 죽은 뒤 장례식을 치르지 못해, 내 삶이 장례식이 되었다"고 말한다. 이처럼 충분한 애도와 치유가 이루어지지 못한다면 삶 자체가 애도의 연속이자 끝나지 않은 전쟁이 된다.

전쟁의 구체적인 모습은 상상할 수 없을 정도로 잔인하다. 런던의 치료실을 찾은 피해자들은 자신이 겪었던 트라우마 속으로 다시 걸어 들어가 조각난 기억을 이어 붙이고 재편집한다. 그리고 죽지 않고 살아갈 수 있도록 새로운 의미를 붙인다. 이 과정을 함께하는 동안 나는 이유를 알 수 없이 며칠씩 앓기도 했다. 그때 머리를 떠나지 않았던 생각은 '도대체 인간성이란 무엇인가'였다. 한쪽에서는 죽이려 하고 다른 한쪽에서는 살리려 하는 기현상을 어떻게 이해할 수 있는가? 언제쯤이면 이 반복되는 고통이 끝나는 걸까?

보통의 인간으로서, 내가 할 수 있는 일에 최선을 다하는 일상을 살아가면서도 인간에 대한 불신과 회의에서 벗어날 수 없는 나날이었다. 그러나 그럼에도 희망을 놓을 수는 없었기에 그토록 아팠던 것이 아닐까? 그것은 아무것도 할 수 없다는 무력감이나 살기 위해 죽은 것처럼 살아야 하는 무감각보다, 이렇게 해서라도 살아있음을 확인받기 위한 고통이 아니었을까? 유일하게 남은 감각이 통증일지라도, 이것마저 꺼져버리면 안 되기에 기꺼이 받아들이는 것. 희망조차 없다면 살 수 없었기에, 누구라도 붙잡아 듣고 싶었던 말. 그래도 기적은 일어난다고,

여전히 희망이 있다고, 그러니 이를 믿는다면 뒤돌아보지 말고 나아가라는 말 아니었을까.

때로는 성자, 때로는 살인마

역사 속 많은 사람들이 같은 질문을 끊임없이 던졌고, 나름의 방식대로 해답을 찾으려 했다. 생물학자들은 모든 생명의 궁극적인 목표는 생존과 번식이라고 한다. 어떤 개체는 종족 내에서 경쟁을 벌이기도 하지만 동시에 공동체를 위해 기꺼이 목숨을 바치는 이타적인 행위를 하기도 한다. 쉽지 않은 희생이기에 우리는 이를 숭고한 가치라고 칭송한다. 놀랍게도 이러한 이타적 행위는 인간뿐만 아니라 생물계 전반에서 관찰할 수 있으므로 '인간성'이라 부를 만한 인간만의 고유 영역은 아니며 고등생물에 국한된 것도 아니다. 이타성은 개미나 벌처럼 놀랍도록 정교한 사회 구조를 갖춘 곤충의 세계뿐만 아니라 식물 세계에서도 관찰할 수 있다. 이 같은 현상이 단지 종족 전체의 보존을 위해 개체를 희생하라는 집단 지성의 명령이나 생물학적 프로그램을 따르는 것인지, 아니면 우리가 말하는 '의지'에 의한 선택인지는 알 수 없다. 그러나 인간 중심의 사고에서 벗어난다면 잔인하게만 보였던 약육강식의 세계에서도 숭고함은 가득하다.

    같은 질문에 대한 뇌 과학자들의 답변은 어떨까? 이러한 양극단은 아마도 우리의 뇌 안에 살인자와 성자가 함께 살고 있기 때문이라고 대답할 것 같다. 뉴런이라고 하는 뇌세포는 쾌감을 주는 도파민이나 고통을 줄여주는 엔도르핀과 같이 널리 알려진 물질 외에도 매우 다양한 신경 전달 물질을 주고받는다. 그중 뇌의 시상하부에서 분비되는 옥시토신은 뇌 안에서 작용하는 신경 전달 물질이자 신체 곳곳의 기능을 조절하는 호르몬 역할을 하기도 한다. 옥시토신은 특히 출산과 양육 시기에 분비량이 증가하는데, 이때 혐오와 공포를 느끼는 편도체의 반응은 둔화되고 친밀감은 증가하여 정서적 안정감을 돕고 신뢰와 애착 관계를 형성하는 데 중요한 역할을 한다. 때문에 옥시토신은 '사랑의 호르몬'이라는 별칭으로도 불린다.

    이런 효과를 노려 코에 뿌리는 흡입형 옥시토신이 출시되고 이를 활용한 다양한 실험이 이루어진 바 있다. 그중 한 실험은 옥시토신을 흡입하면 관대함과 친사회적 성향이 높아져 더 많은 돈을 기부한다는 결과를 보여주었다. 또한 옥시토신을 흡입한 커플은 상대방의 말을 끊거나 헐뜯는 공격적 행동보다 미소를 띠며 경청하는 다정한 행동을 더 많이 한다는 연구 결과도 있다. 다정함은 올려주고 공격성은 내려주는 옥시토신은 이쯤

되면 갈등을 겪을 때마다 칙 뿌리기만 하면 되는 만능 물질이나 사랑의 묘약처럼 보인다.

하지만 과신은 금물이다. 마치 전체적인 문장과 맥락에서 단어 하나만 떼어내면 그 의미가 왜곡되기 쉬운 것처럼 옥시토신이라는 물질 또한 그것이 작용하는 뇌와 신체의 전체적인 시스템에서 분리시키면 이를 지나치게 단순화하거나 확대 해석할 수 있기 때문이다. 무엇보다 옥시토신에도 그늘이 있다는 점을 간과해선 안 된다. 옥시토신은 사랑의 여신이기도 하지만 질투의 화신으로 변신하기도 한다. 또한 공격적인 상대를 대할 때와 같이 스트레스가 심한 상황에서는 오히려 불안감을 가중시키기도 한다. 특히 옥시토신은 마치 양날의 검과 같아 같은 편에게는 한없이 다정하지만 다른 편에게는 무자비해질 수도 있다는 그늘을 가졌다. 마치 지킬과 하이드가 같은 뇌 안에 살고 있는 것처럼.

우리 안의 다정함 깨우기

공동체가 똘똘 뭉치려면 같은 편 안에서는 공통점을, 다른 편에 대해서는 차이점을 강조하기도 한다. 이는 집단이라는 테두리 안팎에서 억압과 폭력으로 쉽게 변질된다. 우선 같은 집단 내에서는 '우리는 연결되어 있다, 우리는 공유하는 점이 있다'는 정도를 넘어 '우리는 똑같아야만 한다'라는 획일성을 강요하며 차이를 인정하지 않는다. 여기서 차이는 존중받을 만한 것이 아니라 비정상적이고 걸리적거리며 열등한 것이므로 더 이상 같은 편이 될 수 없는 분리와 차별의 기준이 된다. 이러한 정신적 밑작업을 바탕으로 다른 편을 적으로 만들고 악마화하면서 공포를 조장한다. 나아가 비인간화로 혐오를 부추기는 극단적인 상황이 전개되면 인종 청소 같은 끔찍한 대량 학살로 이어지기도 한다.

혐오와 공포라는 감정은 생존에 직결되는 가장 원초적인 감정이다. 살아남으려면 더럽거나 위험한 것은 피해야 하므로 혐오와 공포는 가장 빠르고 강력한 반응을 일으키는 소위 '잘 먹히는 감정'인 것이다. 폭발적인 감정적 동력을 활용하여 쓰레기, 벌레, 짐승같이 다른 편을 혐오하고 두려워해야 할 대상이자 인간 이하의 존재로 만들어버리면 최소한의 인권조차 지켜줄 필요가 없어지기 때문에 폭력은 정당화되고 가해자도 죄책감을 덜 수 있다. 이러한 과정은 마치 우리 안에 봉인된 살인마를 풀어주는 것과 같다.

이제 우리 안의 다정함을 깨워야 한다. 우리에게는 회의와 불신보다 희망과 믿음이 필요하다. 그렇다면 무엇이 우리 안의 다정함을 깨울 수 있는가? 그것은 같은 편이 되는 것이다. 서로 다른 모습이지만 연결되어 있는 사이가 될 수 있으며 결국 한 배를 탄 공동 운명체라는 점을 다시 한번 일깨워야 한다. 그리고 테두리를 점점 확장하여 '더 큰 우리'가 될 수 있어야 한다. 그렇다면 같은 편이 되는 방법은 무엇일까? 그것은 바로 공통점의 발견이다.

결국 우리 모두가 같은 편이 된다면

우리는 본능적으로 자신과 유사할수록 친밀감을 느낀다. 외국에 가면 같은 나라 출신인 것만으로도 반가운 마음이 드는 것처럼 인종, 종교, 언어 등 자신과 공통점을 가질수록 가까워지기 쉽고 같은 집단 내에 소속된 사람들을 선호한다. 생존에 깊이 각인되어 있는 이러한 본능은 동물뿐만 아니라 식물계에서도 관찰이 가능하다. 최근의 연구 결과는 식물도 자신과 유전적으로 유사한 친척을 구별한다고 하며 친척에게는 경쟁하기보다 협력하고 양보하는 경향이 있다고 한다.

2007년에 진행된 한 실험에서 같은 개체에서 나온 씨앗

30개를 한 화분에 심고 다른 화분에는 다른 개체에서 나온 씨앗 30개를 섞어 심었다. 그러자 두 번째 화분에서 싹이 튼 식물들은 물과 양분을 얻기 위해 서로 뿌리를 내리며 경쟁했던 반면 '일가친척'으로 이루어진 첫 번째 화분에서는 서로의 공간을 확보해주기 위해 자리를 양보했다. 학계를 충격에 빠뜨린 이 연구는 이후의 다양한 실험에서 비슷한 결과를 보여주었다.

2018년 스위스 로잔대학교에서 더 큰 규모로 진행한 실험 역시 그들의 주장을 뒷받침하는 결과를 보여주었으며, 아르헨티나의 식물생물학자인 호르헤 카살(Jorge Casal)이 진행한 실험에서는 겨자류 식물이 주변에서 자라는 일가친척의 일조량을 저해하지 않도록 잎의 위치를 재배치하는 모습을 보여주었다. 친척이 아닐 경우 같은 결과를 보여주지 않았다.

이는 동물도 마찬가지이며, 인간도 예외가 아니다. 암스테르담 자유대학과 이탈리아 투린대학교에서 사회심리학을 연구했던 안젤로 로마노(Angelo Romano) 박사와 국제 연구진은 17개 도시에서 진행한 실험 결과를 바탕으로, 우리는 자신과 같은 집단에 소속된 사람이라고 생각할수록 더 신뢰하고 협력한다고 주장했다. 연구에 의하면 산업사회에 사는 사람들 15명 가운데 14명은 낯선 사람들 중에서도 국적을 알 수 없는 사람보다 자국 사람들을 더 돕는 경향을 보였다.

상대방이 자신과 유사할수록 선호하는 경향은 아주 어릴 때부터 나타난다. 브리티시 컬럼비아대학교 심리학 교수 카일리 햄린과 연구진은 생후 9개월과 14개월 사이의 영유아들을 상대로 실험을 진행했다. 먼저 아기들이 크래커와 콩 중에서 어떤 음식을 선호하는지 취향을 파악한 뒤, 인형극을 통해 토끼 인형 두 마리를 등장시켜 첫 번째 토끼 인형은 크래커를 좋아하고 두 번째 토끼 인형은 콩을 좋아한다는 것을 보여주었다. 그 후 무대 구석에 있던 두 마리의 강아지 인형이 하나씩 나타나 두 마리 토끼 인형과 상호작용을 하는 모습을 보여주었다. 강아지 인형은 각각 친절한 강아지와 불친절한 강아지로 설정하였는데, 친절한 강아지는 음식 취향이 같은 토끼와 다른 토끼 모두에게 친절했고 불친절한 강아지는 이들 모두에게 불친절했다.

인형극을 본 아기들은 자신과 음식 취향이 같은 토끼 인형을 좋아했다. 그런데 아기들의 행동은 여기서 그치지 않는다. 자신과 취향이 같은 토끼 인형에게 친절하게 대해주는 강아지 인형도 좋아했다. 마치 타인의 마음 안에서 반짝이는 자아의 조각을 발견하는 것처럼, 아기의 마음은 토끼 인형과 연결되고 또 이를 지지하는 강아지 인형으로 점차 그 연결이 확장된다. 그러나 여기에도 그림자가 있다. 놀랍게도 아기들이 자신과 취향이 다른 토끼 인형에게는 불친절한 강아지를 선호했다는 것이다.

이 결과는 우리가 어릴 때부터 자신과의 유사성을 기준으로 같은 편과 다른 편을 나누어 같은 편을 좋아하고, 또 같은 편을 도와주는 사람들도 좋아하지만, 다른 편은 싫어하며 다른 편에 해를 끼치는 사람을 좋아한다고 해석할 수 있다. 이러한 경향성은 개월 수가 올라갈수록 더욱 두드러진다.

이러한 편 가르기의 속성을 이미 직관적으로 간파한 문학가 조지 오웰은 소설 《동물 농장》에서 절대 권력 아래 같은 편이 똘똘 뭉치기 위해 끊임없이 외부에 공동의 적을 설정하는 모습을 보여준다. 마치 인류가 하나로 뭉치기 위해서는 함께 맞서 싸울 외계인이 필요하다는 뼈 있는 농담처럼.

우리가 편을 가르기 시작하면 성자가 될 수도 있고 살인마가 될 수도 있다는 양면성을 늘 인지하고 경계하는 것은 중요하다. 그럼에도 여기에는 희망의 여지가 있다. 공통점의 발견은 생물학적 유사성과 공통점을 뛰어넘어 더 넓게 확장될 수 있기 때문이다. 어떤 공통점이라도 발견할 수 있다면 우리는 같은 편이 될 수 있다. 끼리끼리 같은 편을 만들기 위해 외부의 적을 만들거나 같은 편 안에서 쪼개고 또 쪼개는 편 가르기가 아니라, 더 큰 판에서 '우리'의 범위를 넓혀가는 편 더하기를 하면 더욱 다정한 세상이 되지 않을까?

이 같은 이유로 나는 영국과 한국을 오가면서 유독 한국인들만 겪는 문제에 대한 질문을 받을 때마다 차이점을 존중하되 세계인이 함께 공감할 수 있는 보편성에 더욱 초점을 맞추는 편이다. 영국에서 심리치료사로 근무하면서 인간에 대한 불신과 회의에 빠진 나를 구해준 것은 비슷한 경험을 공유하고 공감해주는 동료 치료사들이었다. 우리는 국적, 인종, 종교가 제각각 다르지만 같은 고충을 공유하기 때문에 서로를 위로하며 끈끈한 동지애로 뭉칠 수 있었다.

삶의 모순 속에서 고통받는 사람이 나 혼자만은 아니라는 것을 깨닫는 일은 시간과 장소를 관통하는 보편적인 경험이다. 깊고 넓게 우리 모두를 연결해주는 거대한 연대감은 개인과 공동체의 상처를 덮어주고 치유에 이르게 한다. 우리가 잘 모르는 사람을 만날 때 고향이나 출신 학교 등을 묻는 것은 서로가 같은 편인지 확인하려는 본능적인 시도일 것이다. 만약 그런 시도가 우리와 다른 편을 가르기 위한 것이 아니라 함께하기 위한 것으로 확장될 수 있다면? 우리는 어떻게든 공유할 수 있는 지점을 발견할 수 있다. 그곳에서 한 배를 타고 다음 목적지까지만이라도 함께 갈 수 있다. 그리고 제각각 다른 길을 걸어도 한 방향을 바라볼 수 있다. 이것이 바로 갈등을 겪는 상황에서도 다정함을 잃지 않는 구체적인 방법을 제시해준다. 우리는 얼마든지 다정함의 대상을 넓혀갈 수 있다.

가까워지기, 유지하기, 멀어지기

 미국 대통령 트럼프 1기에 한미 FTA 재개정 협상을 할 때 있었던 비화다. 당시 미국 측의 로버트 라이트하이저 미국 무역대표부 대표는 미국의 관세 정책을 설계하고 적극 추진했던 사람으로, 미국 시장에 수출한다는 것은 일종의 특권이니 입장료 격인 관세를 물어야 한다는 입장이었다. 우리로서는 당연히 동의할 수 없는 상황이었으니, 한국 측의 김현종 통상교섭본부장은 합리적인 설명과 설득에도 불구하고 협상에 난항을 겪었다. 그러다가 일사천리로 합의에 이르게 된 계기가 있었는데, 그것은 이 둘이 화장실에서 나눈 짧은 대화였다.
 우연히 화장실에서 만난 라이트하이저는 혹시 미국 야구

를 좋아하는지 물었고 김현종 본부장은 볼티모어 팀을 좋아한 다고 답했다. 같은 팀의 팬이라는 것을 알고 반색한 라이트하이저 대표는 볼티모어 팀에는 1970년대 초에 20승 이상의 우수한 성적을 거둔 투수가 세 명이라고 말했고, 김현종 본부장은 한술 더 떠 세 명이 아니라 네 명이라고 답하며 대화를 이어갔다. 야구로 하나가 된 비공식 화장실 회동 이후 놀랍게도 협상이 극적으로 타결되었다고 한다.

물론 단순히 야구 이야기로 국가 간의 중대사를 결정한 것은 아니겠지만, 분위기를 한결 부드럽게 하는 데 한몫했다는 점에서 되짚어볼 지점이 있다. 이 에피소드는 합리적이고 형식적인 절차도 중요하지만 때로는 인간적이고 감정적인 교감이 사람의 마음을 움직이는 데 큰 힘을 발휘한다는 것을 알려준다. 특히 주목할 점은 갈등 속에서도 같은 팀의 팬이라는 사소할 수도 있는 공통점이 연결고리가 되어 공감대가 형성되고 결국 협력에 이르렀다는 것이다. 누구에게나 거절과 비판은 껄끄러운 일이다. 그러나 갈등 속에서도 다정함을 잃지 않는 방법은 있다. 차이점보다 공통점을 발견하고, 이를 연결고리 삼아 같은 편이 되는 것이다. 이는 갈등을 대화로 풀어갈 때 가장 먼저 시작해야 할 사전 작업이다.

너와 나에서 우리가 되는 순간

한국 사회에서 '같은 편'이 되기 위한 가장 효과적이고 전형적인 방식은 학연, 지연, 혈연을 활용하는 것이었지만, 이는 다른 편에 대해 매우 배타적인 방식으로 양면을 가지기도 한다. 이제는 편을 가르며 축소하는 대신 편을 넓히며 확장해야 한다. 공통점은 얼마든지 발견할 수 있고 누구와도 연결될 수 있다. 이는 직업, 팬클럽, 스포츠 활동뿐만 아니라 음악, 음식, 영화 등 비슷한 취향이 될 수도 있고, 캠핑과 댄스 등 취미 활동은 물론이고 육아 커뮤니티나 애견인 동호회처럼 역할과 관심사 또한 얼마든지 연결 고리가 될 수 있다. 더 넓게는 여행의 기억과 추억의 과자같이 공유할 수 있는 경험으로 공감대를 형성할 수 있다. 음식을 나누어 먹는 것처럼 대화도 나눌 수 있어야 한다.

전혀 달라 보이는 사람들이 만나 언뜻 공유하는 지점이 하나도 없는 것 같아 보여도 길게 보고, 멀리서 보고, 다른 각도에서 보면 반드시 찾을 수 있다. 예를 들어 부부 사이에 치열하게 다투는 주제 중 하나는 서로 다른 육아관이다. 그러나 '어떻게' 아이를 키워야 하는지에 대한 세부적인 방법론에는 차이가 있더라도 가장 중요한 부분에 있어서는 같은 마음일 것이다. 그것은 아이를 잘 키우고 싶다는 마음과 좋은 부모가 되고 싶다는 마음이다. 바로 이 지점을 인정하고 강조할 필요가 있다. 잘 키워보자고 다투다보면 아이의 성장에 해가 되기 때문에 가장 중요한 부분을 놓치고 만다. 갈등 상황에서도 다정함을 잃지 않으려면 다른 편에 서서 대치하는 상대방을 같은 편으로 묶어주는 선의의 공통점을 때때로 상기시켜야 한다.

"의견 차이가 있더라도 우리가 아이를 잘 키우고 싶다는 건 한마음이잖아."

"당신이 좋은 부모가 되려고 노력한다는 걸 잘 알고 있어. 나도 같은 마음이야."

때때로 대화가 길을 잃는 것 같다면 함께 공유하는 가장 중요한 가치를 강조하며 중심을 잡는다.

직장에서는 어떨까? 예스맨 수민을 다시 한번 소환해 보자. 수민은 과도한 업무를 지시받은 것 같아 거절하고 싶고 불만을 표현하고 싶다. 이때 수민과 상사의 공통점은 어디서 발견할 수 있을까? 직장은 개인적인 감정 공유나 사교 활동이 아니라 특정한 목표를 위해 조직된 곳이다. 그러나 그 목표를 달성하기 위해서는 뛰어난 개인의 역량도 중요하지만 팀워크는 더욱 중요하다. 따라서 직장이라는 한 배를 탔다면 공동의 목표에 집중하여 연대하는 것이 중요하다. 수민과 상사가 공유하는 목표는 일을 잘해서 성과를 내는 것이고, 이를 위해 다 같이 잘해

보자는 것이다. 이 지점에서 시작하면 거절은 거부가 아니라 공동의 목표를 실현하기 위해 꼭 필요한 경계 설정과 기대 조절이 된다. 비판을 하거나 불만을 제기하는 것 또한 다른 사람을 밟고 올라서기 위한 공격이 아니라 공동의 목표를 실현하기 위해 문제를 파악하고 해결하는 과정이 된다. 그렇다면 을의 거절이나 을의 불만으로 대화를 전개하기 전에 먼저 다정함을 장착하여 운을 띄우는 것은 어떨까?

"저도 열심히 잘해보고 싶습니다. 그런데……."

"저도 팀장님처럼 다 같이 잘되기를 바라는 마음이에요. 그런데……."

너와 나에서 우리가 되는 순간, 변화는 시작된다.

관계의 안전거리 유지하기

솔직히 고백하자면, 나는 영국 운전면허 시험에 세 차례 이상 도전했지만 모두 실기에서 떨어지고 말았다. 태어나서 이렇게 많이 떨어진 시험도 없었던 것 같다. 하도 많이 떨어진 탓에 창피해서 몇 번인지 말하고 싶지도 않지만, 이제는 그 수가 기억도 나지 않는다. 계속되는 실패에도 불구하고 건진 것이 있다면 다른 운전자와 안전거리를 조절하는 방법이다.

앞차에서 초보 운전자나 난폭 운전자가 위험하고 돌발적인 행동을 한다면 답은 간단하다. 넓은 시야를 확보하고 비상시 대응 시간을 벌기 위해 충분한 거리를 두는 것이다. 그렇다면 뒤차가 난폭 운전을 할 경우는 어떨까? 영국 운전면허 실기시험 매뉴얼에 따르면 이때도 똑같이 뒤차가 아니라 앞차와 간격을 두어야 한다. 뒤차가 빵빵거리며 딱 붙어 오더라도 그렇다. 왜 그럴까? 일단 내 눈은 앞을 바라보기 때문에 백미러가 있어도 뒤차를 보는 데 한계가 있다. 그리고 앞차와의 안전거리는 자신이 스스로 통제 가능하지만 뒤차와의 거리는 뒤차 운전자에게 달려있기 때문에 통제가 불가능하다. 따라서 잘 보이고 통제 가능한 부분에 집중하는 것이 더 낫다. 만약 뒤차와 거리를 두기 위해 뒤차 운전자의 돌발적인 행동에 일일이 반응하면 자신도 예측 불허한 난폭 운전자가 될 뿐만 아니라 속도를 내다 앞차와 충돌하며 더 큰 사고로 이어질 수 있다. 따라서 뒤차와 상관없이 자신이 통제 가능한 영역에서 주도권을 잡고 중심을 지켜야 안전하다.

인간관계도 비슷하다. 상대가 선을 세게 넘을 때는 당황하기 쉽다. 이때도 일일이 쫓기듯 상대방의 박자에 맞추어 반응하기보다 통제 가능한 영역에서 예측 가능한 일관적인 태도로 자신의 무게 중심을 잡아야 한다. 이제 관계의 안전거리를 조절해야 한다. 내 삶의 운전대는 나 자신이 잡아야 한다.

다정함과 단호함의 비율 조절하기

"도저히 말이 안 통하는 사람이면 어떡하죠? 거절했는데도 자꾸 조르거나 그만하라고 했는데도 계속 비난하면요?"

첫 책 《나를 지키는 관계가 먼저입니다》를 출간한 후 다정하면서도 단호하게 말했는데도 상대가 계속 선을 넘을 때 대응하는 방법에 대해 많은 질문을 받았다. 이때 먼저 시도할 수 있는 방법은 앵무새 대응법이다. 앵무새 대응법은 같은 메시지를 거듭 반복하는 방법이다.

앞에서 동료의 무리한 부탁을 받았던 수민의 사례를 다시 살펴보자. 급하게 가야 한다며 대신 보고서를 마무리해달라고 부탁하는 말에 수민은 공감형 거절과 해결형 거절로 대응했다.

"걱정이 많으시겠네요. 그런데 오늘은 저도 사정상 힘들어서요. 팀장님께 말씀드리는 게 어떨까요?"

그런데 동료가 물러서지 않고 재차 시도를 한다.

"아니, 너무 급해서 그러는데 이번만 도와줘요. 수민 씨도 부모님 계셔서 내 마음 알잖아요."

이때 무너지지 않고 자기 자리를 지키려면 앵무새 기법으로 같은 대답을 반복한다.

"그럼요, 사정은 알죠. 그런데 저도 오늘은 정말 곤란해서요. 중요한 문제이니 팀장님께 말씀드려 보세요."

이제 동료가 언성을 높이면서 3차 시도를 한다.

"아니, 수민 씨 진짜 너무하다. 내 사정 뻔히 알면서."

이때도 무게중심을 지키며 같은 메시지를 계속 반복한다.

"저도 오늘은 곤란해요. 팀장님께 말씀드리세요."

이렇게 상대가 여러 차례 시도하면서 점차 공격적으로 나올 때가 있다. 앵무새 대응법을 활용할 때는 그냥 단순하게 반복하는 것이 아니라 점점 단호함의 수위를 올려주는 것이 좋다. 1차 거절 때는 다정함과 단호함의 비율이 6 대 4정도였다면 2차에는 4 대 6, 3차에는 2 대 8 같이 단호함의 비율을 높이면서 같은 메시지를 반복한다. 상대가 어떻게 나오든 일일이 반박하고 대꾸할 필요 없이 자신의 무게중심을 지키며 반복한다. 이럴 때 감정의 동요 없이 차분하게 대응하기 위해 간결하고 분명한 나만의 문장을 미리 대응 매뉴얼로 만들어두고 반복하는 것도 좋다. 그래도 안 된다면 어떻게 할까? 그렇다면 마지막으로 경고하기에 들어간다.

최후의 카드, 경고하기

한국을 방문할 때마다 다소 의아하게 느낀 부분이 있는데, 그것은 사회 전반에 걸쳐 과도할 정도로 '손님이 왕'인 경우를 볼 때다. 상점이나 각종 서비스 분야뿐만 아니라 관공서나 학교 등 다양한 곳에서 손님이 폭군인 것처럼 행동해도 직원들이 지나치게 숙여 응대하며 감정 노동을 강요받는 모습을 볼 때 최소한의 보호 장치가 꼭 필요하다는 생각을 하곤 했다.

영국에서도 버스기사를 폭행하거나 의료인에게 폭언을 퍼붓는 일들이 비일비재하지만 그럴 때는 가차 없이 경찰이 출동하고 자비 없이 처벌한다. 이러한 행위는 용납되지 않는다는 사회적 메시지를 일관적으로 전달하기 위해서다. 그보다 약한 수위의 공격적 행동에 대해서도 직급이 높은 사람에게 보고해서 상사가 직접 상대하는 방식으로 직원을 보호한다. '무관용 원칙(Zero Tolerance)'은 폭력 근절 캠페인의 슬로건으로 병원, 운전면허 시험장, 버스와 지하철 등 시내 곳곳에 붙어있는 경고 포스터에는 이렇게 적혀있다. "어떠한 폭력적 행위도 용납되지 않습니다. 법적 대응으로 강력하게 처벌할 것입니다."

상담 노동자들의 감정 노동과 스트레스가 사회 문제로 대두된 적이 있다. GS칼텍스는 이에 대한 해법을 위해 상담자의

'가족 목소리'를 안내 멘트로 사용했다. 예컨대 귀여운 아이의 목소리로 "세상에서 제일 사랑하는 저희 엄마가 상담해드릴 예정입니다"라는 멘트를 연결 대기시간에 내보냈는데, 이를 시행한 후 실제로 고객의 언어폭력이 크게 줄었다고 한다.

감성을 자극하는 부드러운 접근법은 굉장히 효과적이었지만 다소 아쉬웠던 점도 있다. 기본적인 법과 질서를 지키는 것조차 마치 개인의 선택 문제인 것처럼 보이는 한계가 있어 또 다른 장치가 있어야 할 것 같았다. 갑질이 가능한 이유는 이를 허용하는 시스템 안에서 개인이 홀로 맞서야 하기 때문이다. 그러던 차에 마침 반가운 소식이 들려왔다. 바로 현대카드의 엔딩 폴리시(ending policy)였다. 엔딩 폴리시는 유선 상담 시 전화 끊기 매뉴얼로 우리가 다룰 '경고하기'와 가장 유사한 사례라고 할 수 있다. 현대카드의 엔딩 폴리시에 따르면 고객의 언어폭력 수위에 따라 상담사들은 세 차례 경고를 한 후 그래도 통하지 않으면 그대로 전화를 끊어버린다. 언어폭력으로 인해 전화를 끊었을 경우 상담사는 30분간 휴식을 취할 수 있으며, 이에 대해 인사 및 경영 평가에서 불이익을 당하지 않는다. 이와 비슷한 보호 조치는 영국의 국립정신과와 영국 사회 전반에서 널리 행해지고 있고, 한국에서도 확대될 필요성이 있다고 생각한다.

경고하기는 선택에는 책임이 따르고 행동에는 결과가 따

른다는 것을 상대방에게 미리 알려주는 것이다. 경고하기는 다정함보다 단호함의 비율을 최대치로 끌어올린 최후의 소통 방법이지만, 큰 틀에서는 다정함을 기반으로 한다. 호미로 막을 것을 가래로 못 막는다는 말처럼, 경고하기는 상황이 극단적으로 치닫기 전에 미리 제동을 걸고 관계가 파탄나기 전에 상대방이 스스로 더 나은 선택을 할 수 있도록 기회를 주는 것이다. 결국 갈등 상황 속에서도 인간적 공감대 위에 함께 발을 딛고 서서 다정하고 안타까운 마음으로 상대방의 폭주를 막고 피해를 최소화하는 역할을 한다.

미시간대학교의 정치학자 로버트 액설로드가 했던 모의 시뮬레이션 실험에서 무조건 상대를 용인하고 품어주던 천사형 프로그램을 다시 떠올려보자. 다정하기만 한 천사형 프로그램은 모든 이에게 다정하면서 정작 자신에게 다정하지 않았고 적대적인 프로그램이 계속 이득을 취하도록 무력하게 방치했다. 그러나 다정함을 지키려면 단호함이 필요하다. 다정함을 더 많은 사람과 나누려면 각자 선택의 무게만큼 책임질 수 있도록 단호하게 힘을 발휘해야 한다. 경고하기를 할 때는 상대방이 선을 넘는 행위에 대비해서 지나친 협박이 되어서는 안 되고 경고한 내용은 반드시 실행해야 한다. 그래야 경고의 효력이 있다.

그렇다면 더 이상 거절이 통하지 않는 동료에게 수민은 어떻게 경고하기를 실천할 수 있을까?

"저도 도와주고 싶은데, 자꾸 이러시면 대화를 계속할 수 없습니다."

"저도 그러고 싶지는 않지만, 계속 이러시면 팀장님께 도움을 청할 수밖에 없습니다."

수민은 더 이상 긍정이나 공감의 말을 할 필요가 없다. 다만 물러날 것을 단호하게 요청하면 된다. 이제 공은 상대에게 넘어갔다.

한 가지, 경고하기를 할 때조차 다정함을 바탕으로 깔아두고 시작하기를 권한다. '저도 도와드리고 싶은데', '저도 그러고 싶지는 않지만' 같은 표현은 비록 지금 우리가 갈등을 겪고 있지만, 그렇다고 해서 관계를 아예 단절하고 싶은 건 아니라는 마음을 드러낸다. 어느 관계든 갈등은 일어날 수 있다. 그렇다고 해서 매번 손절을 할 수는 없다. 문제가 해결된다면 관계는 다시 이어질 수 있다. 그렇게 우리는 다정함을 선택한다.

모든 관계를
지켜야 하는 건 아니다

사람 사이의 관계는 쉽지 않아서, 엄중히 경고하고 이를 실천했음에도 불구하고 통하지 않을 때가 있다. 우리가 지금의 갈등을 해결한다면 다시 좋은 관계를 유지할 수 있다고, 다정함을 바탕으로 경고를 했음에도 상대가 받아들이지 않으면 이제는 소통이 아니라 안전거리를 조절해야 할 단계다. 코로나 팬데믹이라는 특수한 상황을 겪으면서 우리는 소중한 사람을 지키기 위해서 역설적으로 거리 두기가 필요할 때도 있다는 것을 경험했다. 관계도 마찬가지다.

"20년 지기와 완전히 손절해야 할까요?"

"가족과 영원히 인연을 끊어야 할까요?"

우리는 관계를 맺거나 끊어버리는 양자택일의 선택지만 놓고 고민하기도 한다. 그러나 삶은 밸런스 게임이 아니다. 특히 사람 사이의 관계에 대해서는 생각보다 다양한 선택지가 있고, 한번 선택한 대로 끝까지 가야 하는 것도 아니다. 관계는 가까웠다 멀어지기도 하고, 그러다 다시 가까워지기도 하는 역동적인 생물이다.

관계의 거리는 유동적이다

대인 관계라는 맥락 속에서 성격이 형성되는 과정에 대해 연구했던 20세기 미국의 정신 분석가이자 정신과 의사였던 허버트 해리 스택 설리번(Herbert Harry Stack Sullivan)은 생애 주기에 따라 친구의 중요성과 관계의 거리도 달라질 수 있다고 설명한다. 설리번에 의하면 흔히 '찐친'이라고 부르는 동성 친구와의 관계는 사춘기 이전인 만 10세에서 12세 사이에 형성된다. 이는 사춘기를 겪는 중고등학교 시절을 거쳐 처음 부모로부터 독립하는 초기 성인기에 연애를 시작하기 전까지 이어진다. 이때까지만 해도 여전히 친구 관계를 중요하게 생각하지만 점차 직장생활과 연애 등 각자 다른 길을 걸어간다. 특히 결혼과 양육을 하지 않는 사람들의 경우에는 친구 관계의 중요성이 여전히 삶의 큰 부분을 차지하는 데 반해 결혼과 양육을 하는 시기를 겪을 경우 친구 관계가 잠시 우선순위에서 밀려나며 거리가 벌어진다. 그러다가 은퇴를 하거나 자녀 양육을 마친 시기에는 다시 친구의 중요성이 커지면서 삶의 주기에 맞춰 관계의 거리는 멀어지기도 하고 가까워지기도 한다.

나는 잠시 거리를 두면 친구를 영원히 잃을까 봐 걱정하고 불안해하는 초등학생 딸에게도 관계의 거리는 변할 수 있다는 말을 자주 해준다. 잠시 멀어졌던 친구들이 돌아오는 경우도 있고, 혹여 돌아오지 않더라도 그간 새 친구가 생겼으니 아이는 크게 상처받는 일 없이 힘든 시기를 보내곤 한다.

관계를 양자택일이 아니라 거리 조절의 문제로 놓으면 다양한 선택지가 보인다. 상황에 따라 일정 기간 안전거리를 좁히거나 넓히면서 유연하게 조절할 수 있기 때문이다. 안전거리를 조절하는 문제는 OX 문제가 아니라 여러 답변이 가능한 다지선다의 문제가 될 수도 있고, 정답이 정해지지 않은 주관식 문제일 수도 있다. 혹시 이 가운데서 어떤 선택을 해야 할지 혼란스럽다면 중요한 두 가지의 질문에 답해보자.

첫째, 이 관계에서 반복적으로 느끼는 나의 감정은 무엇인가? 그것이 부정적인 감정이라면 관계의 안전거리를 재점검할 필요가 있다는 의미가 된다.

둘째, 내게 가장 중요한 가치는 무엇이고, 지금의 관계는 이에 크게 벗어나지 않는 방향으로 나아가고 있는가? 이 질문에 답할 수 있다면 눈앞의 작은 목표에 휘둘리지 않고 자신이 추구하는 관계의 전체적인 방향을 설정할 수 있다.

때로는 멀어져야 하는 관계도 있다

물론 끊어야만 하는 독소 관계도 있다. 사랑이라는 이름을 덧씌워 심리적으로 조종하고 착취와 학대를 일삼는 가족, 연인, 친구 관계는 선을 넘는 정도가 아니라 선을 파괴하고 우리의 정체성과 존재 자체를 완전히 부정하기도 한다. 상담실에서 만났던 학대의 피해자들이 관계를 끊을지 말지 고민하면서 이에 대한 두려움과 죄책감에 시달리기도 한다.

'당신이 이미 알고 있는 악마가 잘 모르는 악마보다 더 낫다(Better the devil you know than the devil you don't know)'라는 영어 표현이 있다. 이는 불확실한 상황보다 이미 알고 있는 익숙한 비극이 더 낫다는 의미다. 가정 폭력의 피해자가 가해자를 벗어나지 못하는 경우 답답하고 안타까운 일이지만, 불확실성에 대한 두려움으로 인해 '익숙한 악마'에 길들여지는 일도 종종 발생한다. 학대가 너무 오랜 기간 지속되면서 피해자라는 정체성에 익숙해지고 가해자가 없는 자신의 모습과 삶이 상상하기 힘들 정도로 불확실해서 오히려 더 큰 두려움을 느끼는 것이다. 이에 더해 실질적인 피해를 당하거나, 자신이 나쁜 사람이 될 거라는 두려움과 죄책감 공격에 시달리기도 한다. 이럴 때도 관계에 대한 프레임을 양자택일이 아니라 한시적 거리 조절로 전환하면 두려움과 죄책감을 덜 수 있다.

우울증과 범불안장애로 상담실을 찾은 앤드류는 작년에 아버지가 돌아가신 후 증상이 더욱 악화되었다. 그는 아버지의 폭력을 견디다 못해 열여섯 살에 집을 나갔고, 그 후 아버지를 전혀 만나지 않았다. 성인이 된 후에 악착같이 일해서 겨우 자리를 잡았고, 그럼에도 어딘가 허기진 마음에 간간이 전화나 문자로 아버지에게 안부를 전하면서 단계적으로 관계를 회복하려고 했다. 하지만 아버지는 유산 상속을 미끼로 가족끼리 경쟁시키고 이간질하며 그를 조종하려 했다. 결국 아버지와의 관계를 개선하기 어렵다고 판단한 앤드류는 모든 연락을 두절하고 말았다. 그래도 아버지인데 천륜을 저버리면 안 된다는 주변 사람들의 말에 죄책감이 들었지만 감정의 골이 너무 깊어 다시 연락해볼 엄두가 나지 않았다. 노력해봤자 과거의 경험이 되풀이 되며 상처만 깊어질 뿐이라고 생각했다. 결국 앤드류가 아버지를 다시 만난 곳은 아버지의 장례식이었다. 앤드류는 마지막까지 인연을 끊어버린 자신이 차갑고 독하다고 죄책감을 느꼈지만, 동시에 사과 한마디 없이 가버린 아버지를 향한 화를 주체하기 힘들었다. 그는 화해할 수 없는 양가감정에 혼란스러웠고, 이제는 돌아가신 아버지와 응어리를 풀 수 있는 기회조차 사라졌다는 데 어쩔 줄 몰라 했다.

그러나 앤드류는 다시 대화할 마음의 준비를 할 수 있을 때까지 먼 거리에서 오랫동안 기다렸을 뿐, 관계를 끊어버린 것은 아닐지도 모른다. 다만 준비된 그 순간이 아버지의 생전에 찾아오지 않았을 뿐, 이 또한 서로를 마음에 품고 보이지 않는 선으로 연결된 관계의 일종이다. 단지 서로에게 더 이상 상처를 주지 않고 관계를 지키기 위한 다소 생경한 방식의 사랑이 아니었을까. 사랑받고 싶은 마음은 절실했지만 끝내 그럴 수 없었던 것은 늘 안타까움으로 남겠지만, 나름대로 최선을 다한 사랑의 방식이며 다정함의 또 다른 모습일 수 있다. 그의 힘겨운 결단으로 인해 둘 사이에 벌어질 수도 있었던 더 큰 비극이나 상처를 막고 자신과 주변을 지킬 수 있었는지도 모른다.

사이를 지키기 위한 거리 조절

소희는 절친한 친구와 같은 직장을 다닌다. 그런데 요즘 일이 잘 풀리지 않아 그런지 친구가 매사에 부정적이고 자주 화를 내서 고민이다. 짜증이 나는 상태이니 건드리지 말라고 미리 신호라도 주면 좋을 텐데 예고 없이 갑자기 끓어 넘치는 친구의 공격적인 행동이 소희를 힘들게 했다. 한번은 소희가 직장에서 있었던 일을 이야기하는데 친구가 버럭 소리를 질렀다.

"그만 좀 말해! 알아서 하면 되잖아!"

소희는 그래도 친구를 이해하려고 노력했다. '얘가 요즘 힘들어서 그런가보다. 그래도 받아줄 사람은 나밖에 없고 내가 제일 편하니까, 감정에 솔직한 거겠지' 하며 친구를 달래주고 넘어갔지만 매번 이런 일이 반복된다. 막상 자기가 힘들었던 일은 시시콜콜 이야기하면서 소희가 무슨 말만 하면 짜증을 내고 듣기 싫은 티를 낸다. 그러다보니 자기도 지치는 데다 괜히 위축되어 자꾸 친구의 눈치를 보게 된다. 거리를 두고 싶지만 매일 직장에서 만나는 사이라 이조차 쉽지 않다.

소희는 갈등에도 불구하고 여전히 친구에 대한 다정함이 남아있다. 친구는 어려운 상황을 겪으며 자기 자신도 감당하기 힘들 정도로 마음의 여유가 없는 상태이며, 타인의 감정까지 받아주기에는 너무 쉽게 넘치고 폭발할 수 있다는 것을 이해하고 공감하고 있다. 동시에 소희는 자신의 감정과 욕구에 대해서도 분명하게 자각하고 있다. 자신이 현재 감정적으로 위축되고 피로감이 누적된 상태이며, 따라서 친구와 잠시 거리를 두고 싶고 또 자신도 힘든 일이 있을 때 가볍게 이야기할 수 있는 상대가 필요하다는 것이다. 소희는 친구를 이해하지만 더 이상 받아주기는 힘들다. 힘들다고 도와달라고 말한다면 언제든 함께하며 위로해줄 준비가 됐지만 자신을 공격하며 감정을 푸는 행동은 더 이상 받아줄 수 없다.

그렇다면 꾹꾹 참는 것보다 솔직한 마음을 세심하게 정제하여 표현하는 방법은 무엇일까? 솔직한 마음은 다정하게, 그리고 분명하게 말할 때 진정성이 된다. 이를 표현하기 위해 다양한 장치를 활용할 수 있다. 먼저 앞서 다루었던 대로 '감정+요구' 기본 공식을 활용할 수 있다. 친구의 사정을 배려하여 다정함의 비율을 더 높이고 싶다면 공감과 인정의 말로 대화를 시작한 다음에 문제를 제기하면서 대화의 문을 열고 해결을 요구한 후 긍정적인 코멘트로 닫아준다.

먼저 스트레스가 심하고 마음의 여유가 없을 때는 화가 나는 감정도 이해할 수 있고, 네가 힘들면 내가 위로와 도움이 되고 싶다는 다정한 마음을 충분히 표현한다. 힘들어하는 모습에 말을 꺼내기 망설였지만 소중한 관계를 지키고 싶어 용기를 냈다는 내용으로 전개해도 좋다. 그런 다음 본격적으로 현재의 문제를 지적하고 해결을 요구하는 지조비평으로 전개한다. 문제를 지적할 때는 2인칭을 피하여 어떤 상황이 문제이고 자신이 감정을 느꼈는지 말한다.

 문제를 제기했다면 해결하기 위해서 자신이 무엇을 원하고 필요로 하는지도 덧붙인다. 가령 네가 화가 날 수는 있지만 화를 내는 행동을 내가 모두 받아주기는 힘들다는 요구 사항을 전달한다. 이때 경계를 설정하고 기대를 조절하기 위해 자신이 해줄 수 있는 것과 함께 해결할 수 있는 것이 무엇인지 덧붙여도 좋다. 너를 아끼는 마음은 여전하기 때문에 무작정 화를 내는 대신 위로와 도움이 필요하다고 말해주면 함께할 준비가 되어있다고 가능성을 열어둔다. 또 지금 당장은 힘들겠지만 자신도 어려운 일이 있을 때는 가볍게 나누고 위로받고 싶다는 요구도 전달한다.

 이렇게 해도 말이 통하지 않는다면 상황이 조금이라도 정리될 때까지 안전거리를 조절할 필요가 있다는 것을 알린다. 이는 관계를 끊겠다는 경고가 아니라 조금 더 부드러운 방식의 거리 조절이며 그 밑바탕에는 다정한 기다림이 있다. 어려운 말을 조금이라도 편안한 마음으로 꺼내려면 조용하고 편안한 장소에서 대화를 시도하거나 자신의 메시지를 진심을 담은 편지나 카드, 작은 선물로 표현할 수도 있다.

심리적 거리 두기의 효과

거리 조절의 단계에 들어갔을 때, 같은 직장에서 물리적 거리를 조절하는 것은 한계가 있지만 심리적 거리는 다양한 방식으로 조절할 수 있다. 일주일이나 한 달 정도 기간을 정해 당분간 인사는 나누되 단둘이 대화하는 것은 가급적 줄이고 여럿이 있을 때 대화를 나누는 방법으로 거리를 조절할 수 있다. 또 대화를 하더라도 민감하거나 사적인 주제는 가능한 한 언급하지 않고 일상에서 공유할 수 있는 가벼운 스몰토크나 공적인 대화만 나눈다. 동시에 마음의 준비가 될 때까지 기다리고 있다는 메시지를 주기 위해 위로가 되는 책이나 음료수를 소소하게 챙겨주는 것도 좋은 방법이다.

현재 상황을 개선하기 위한 여러 가지 방법을 알게 된 소희는 "아, 그런 생각은 못 해봤네요!"라고 외쳤다. 다른 각도에서 바라볼 때 발견하는 '유레카의 순간'이 바로 우리가 심리치료를 통해 얻고자 하는 것이다. 얼마나 오랫동안 어느 정도의 안전거리를 어떻게 조절할 것인가? 안전한 관계를 위한 거리와 기간, 방식은 우리가 조절하고 선택할 수 있다. 그러면 더 이상 삶의 주도권을 뺏긴 피해자가 아니라 스스로 선택지를 탐색하고 결정할 수 있는 주인공의 삶과 회복의 길이 열린다.

우리는 다른 사람에게 다정해야 한다는 생각에 스스로에게도 다정해야 한다는 사실을 종종 잊어버린다. 하지만 다른 사람에게만 다정하게 대하느라 나에게 다정하지 못하면 결국 모두에게도 다정하지 못하게 된다. 한쪽이 참고 희생하면서 이어지는 관계는 건강하지 못하고 온전한 의미에서 '관계'라고 할 수 없기 때문이다. 나에게도 다정해지자. 그럴 때 다른 사람에게도 다정한 사람이 된다.

나는 다정함을 선택했습니다

2025년 11월 19일 초판 1쇄 발행

지은이 안젤라 센
펴낸이 이원주

책임편집 강소라 **디자인** 정은예
기획개발실 김유경, 강동욱, 박인애, 류지혜, 고정용, 최연서, 이채은
마케팅실 양근모, 권금숙, 양봉호 **온라인홍보팀** 신하은, 현나래, 최혜빈
디자인실 진미나, 윤민지 **디지털콘텐츠팀** 최은정 **해외기획팀** 우정민, 배혜림, 정혜인
경영지원실 강신우, 김현우, 이윤재 **제작실** 이진영
펴낸곳 (주)쌤앤파커스 **출판신고** 2006년 9월 25일 제406-2006-000210호
주소 서울시 마포구 월드컵북로 396 누리꿈스퀘어 비즈니스타워 18층
전화 02-6712-9800 **팩스** 02-6712-9810 **이메일** info@smpk.kr

ⓒ 안젤라 센(저작권자와 맺은 특약에 따라 검인을 생략합니다)
ISBN 979-11-24070-08-6 (03190)

- 이 책은 저작권법에 따라 보호받는 저작물이므로 무단전재와 무단복제를 금지하며, 이 책 내용의 전부 또는 일부를 이용하려면 반드시 저작권자와 (주)쌤앤파커스의 서면동의를 받아야 합니다.
- 잘못된 책은 구입하신 서점에서 바꿔드립니다.
- 책값은 뒤표지에 있습니다.

쌤앤파커스(Sam&Parkers)는 독자 여러분의 책에 관한 아이디어와 원고 투고를 설레는 마음으로 기다리고 있습니다. 책으로 엮기를 원하는 아이디어가 있으신 분은 이메일 book@smpk.kr로 간단한 개요와 취지, 연락처 등을 보내주세요. 머뭇거리지 말고 문을 두드리세요. 길이 열립니다.